电动汽车构造原理与故障检修

刘汉涛 著

电子工业出版社
Publishing House of Electronics Industry
北京·BEIJING

内 容 简 介

本书以实际维修为导向,以模块化内容为核心,采用全彩图解的形式详细讲解了电动汽车安全操作、电动汽车安全设计、整车控制系统、动力电池系统、高压分配系统、驱动电机系统、充放电系统、热泵空调系统和故障诊断解析等内容。通过学习本书内容,您将达到如下目标:(1)了解电动汽车安全操作;(2)掌握电动汽车构造原理;(3)学会电动汽车故障检修。

本书适合从事电动汽车维修的技师和技术人员参考阅读,也可作为专业院校师生的参考书和相关企业的培训用书。

未经许可,不得以任何方式复制或抄袭本书之部分或全部内容。
版权所有,侵权必究。

图书在版编目(CIP)数据

电动汽车构造原理与故障检修 / 刘汉涛著 . —北京:电子工业出版社,2023.8
ISBN 978-7-121-46113-2

Ⅰ.①电… Ⅱ.①刘… Ⅲ.①电动汽车－构造②电动汽车－车辆检修 Ⅳ.①U469.72

中国国家版本馆 CIP 数据核字(2023)第 152635 号

责任编辑:管晓伟
文字编辑:杜 皎
印　　刷:北京宝隆世纪印刷有限公司
装　　订:北京宝隆世纪印刷有限公司
出版发行:电子工业出版社
　　　　　北京市海淀区万寿路 173 信箱　邮编:100036
开　　本:787×1092　1/16　印张:10.5　字数:269 千字
版　　次:2023 年 8 月第 1 版
印　　次:2023 年 8 月第 1 次印刷
定　　价:80.00 元

凡所购买电子工业出版社图书有缺损问题,请向购买书店调换。若书店售缺,请与本社发行部联系,联系及邮购电话:(010)88254888,88258888。
质量投诉请发邮件至 zlts@phei.com.cn,盗版侵权举报请发邮件至 dbqq@phei.com.cn。
本书咨询联系方式:(010)88254460,guanxw@phei.com.cn。

FOREWORD

前言

  在全球能源日益紧缺和环护法规日益严格的背景下，各国都加强了对汽车技术的改进，电动汽车应运而生。电动汽车是一台会跑的"高压电器"，其以动力电池为主要动力，电压可达 500V。安全规范的操作及检修流程，可有效防止事故发生，同时可提升检修质量与检修速度。鉴于上述原因，我写了本书。

  本书共 9 章：电动汽车安全操作、电动汽车安全设计、整车控制系统、动力电池系统、高压分配系统、驱动电机系统、充放电系统、热泵空调系统和故障诊断解析。

  本书内容全面，图文并茂，形象直观，通俗易懂，是了解电动汽车安全操作，掌握电动汽车构造原理及学会检修电动汽车故障之必备，适合从事电动汽车维修的技师和技术人员阅读，也可作为专业院校师生的参考书和相关企业的培训用书。

  由于电动汽车技术日新月异，同时作者知识和能力有限，书中难免存在疏漏和不足之处，恳请读者及时反馈，以便后续修订。

刘汉涛

CONTENTS 目 录

第一章 电动汽车安全操作 / 1

1. 什么是触电 / 1
2. 人为什么会触电 / 2
3. 人体什么时候通过电流 / 2
4. 电流分为几个等级 / 3
5. 电压对人体的影响 / 3
6. 何种电压会导致危险电流 / 4
7. 人体电阻有多大 / 5
8. 什么是单相触电 / 6
9. 什么是双相触电 / 7
10. 什么是接触电压触电 / 8
11. 什么是跨步电压触电 / 8
12. 触电伤害类型 / 9
13. 触电伤害程度影响因素 / 9
14. 如何脱离触电电源 / 10
15. 如何进行触电急救 / 11
16. 电动汽车电路电压等级 / 12
17. 电动汽车高压系统电压等级 / 13
18. 电动汽车有哪些高压部件 / 13
19. 必备防护与绝缘工具 / 13
20. 如何检查绝缘手套 / 14
21. 绝缘手套使用注意事项 / 16
22. 与带电部件的距离指南 / 16
23. 为什么单手作业 / 17
24. 如何进行高压断电 / 17
25. 如何进行验电操作 / 18
26. 什么是 CAT 等级 / 18
27. 什么是 IP 防护等级 / 20
28. 维修工位要求 / 22
29. 电动汽车检修规范 / 23
30. 电动汽车检修流程 / 23
31. 低压电工作业操作证 / 24

第二章 电动汽车安全设计 / 25

1. 高压警示标志 / 25
2. 高压接触防护 / 26
3. 高低压隔离 / 26
4. 绝缘电阻设计 / 28
5. 绝缘电阻监测 / 29
6. 等电位连接 / 31
7. 电位均衡 / 33
8. 主动放电 / 35
9. 被动放电 / 36
10. 高压互锁 / 37
11. 维修开关 / 39
12. 高压线束设计 / 40
13. 屏蔽设计 / 42
14. 高压连接器设计 / 42
15. 碰撞高压断电保护 / 44
16. 车身安全设计 / 44
17. 远程监控 / 45

第三章 整车控制系统 / 46

1. 什么是三电系统 / 46
2. 整车控制器功能 / 47
3. 高压互锁控制策略 / 47
4. 高压互锁监测方法 / 47
5. 高压互锁信号回路类型 / 48

6. 如何检修高压互锁故障 / 49

第四章　动力电池系统 / 51

1. 动力电池类型 / 51

2. 锂电池有哪些类型 / 52

3. 什么是磷酸铁锂电池 / 52

4. 什么是三元锂电池 / 53

5. 什么是镍氢电池 / 54

6. 什么是燃料电池 / 54

7. 动力电池结构 / 55

8. 电芯有哪几种类型 / 57

9. 什么是 18650 电芯 / 58

10. 什么是 2P6S / 59

11. 为什么电芯需要串联、并联 / 59

12. 锂电池结构 / 59

13. 锂电池工作原理 / 60

14. 绝缘电阻测试仪 / 61

15. 如何检修绝缘电阻故障 / 61

16. 什么是主动均衡 / 63

17. 什么是被动均衡 / 63

18. 为什么电芯不一致 / 64

19. 动力电池箱体密封性检测 / 64

20. 动力电池水路密封性检测 / 65

第五章　高压分配系统 / 67

1. 高压分配系统部件 / 67

2. 高压接触器盒内部件 / 68

3. 高压接触器盒原理框图 / 69

4. 电动汽车高压安全要求 / 70

5. 什么是预充 / 70

6. 无预充有何影响 / 70

7. 何时断开预充接触器 / 71

8. 预充电阻有多大 / 71

9. 主正极接触器与快充正极接触器可以互换吗 / 72

10. 为什么设置高压采样点 / 72

11. 动力电池的电流监测方法 / 72

12. 霍尔电流传感器有什么作用 / 73

13. 什么是智能分流器 / 73

14. 高压配电盒有什么作用 / 74

15. 高压配电盒原理框图 / 74

16. 熔断器与保险丝的区别 / 75

第六章　驱动电机系统 / 77

1. 电动汽车性能指标 / 77

2. 驱动电机系统部件 / 77

3. 驱动电机性能要求 / 78

4. 驱动电机有几种类型 / 78

5. 为什么淘汰直流驱动电机 / 79

6. 什么是永磁同步电机 / 79

7. 交流异步电机为何成为特斯拉首选 / 80

8. 什么是开关磁阻电机 / 80

9. 永磁同步电机结构 / 80

10. 三相绕组连接方法 / 81

11. 三相绕组通电方式 / 82

12. 什么是 Hair-pin 绕组 / 83

13. Hair-pin 绕组优势 / 84

14. 转子结构形式 / 84

15. 旋转变压器结构 / 86

16. 旋转变压器原理 / 87

17. 旋转变压器如何检测转子位置 / 87

18. 如何检修旋转变压器 / 89

19. 为什么在电机中设置两个温度传感器 / 89
20. 电机冷却系统有什么作用 / 90
21. 电机控制器包括哪些部件 / 91
22. 驱动电机如何工作 / 92
23. 电机控制器如何工作 / 92
24. 驱动电机如何实现变速、变矩 / 93
25. 驱动电机如何实现换向 / 95
26. 减速器和变速器的区别 / 95
27. 驱动电机整流原理 / 96
28. 驱动电机发电原理 / 96
29. 什么是能量回收 / 97
30. 如何实现能量回收 / 98
31. 能量回收有几种方式 / 98
32. 制动能量回收方式 / 98
33. 滑行能量回收方式 / 99
34. 能量回收强和弱,哪种更省电 / 100

第七章　充放电系统 / 101

1. 充放电系统部件 / 101
2. 什么是车载充电机 / 101
3. 车载充电机功能 / 102
4. 什么是 DC/DC 转换器 / 102
5. 在哪些情况下可以使用放电电缆 / 103
6. 电动汽车对外放电 / 103
7. 车辆插座上有哪些信号线 / 104
8. 什么是充电模式 / 104
9. 充电模式 1 使用条件 / 104
10. 充电模式 2 使用条件 / 105
11. 充电模式 3 使用条件 / 106
12. 充电模式 4 使用条件 / 106
13. 什么是连接方式 A / 107
14. 什么是连接方式 B / 108
15. 什么是连接方式 C / 108
16. 充电系统类型 / 110
17. 什么是交流慢充 / 110
18. 交流慢充充电方式 / 110
19. 什么是直流快充 / 111
20. 什么是换电版动力电池 / 112
21. 充电接口包括几部分 / 112
22. 交流充电接口触头 / 112
23. 交流充电接口功能 / 113
24. 交流充电连接界面 / 114
25. 交流充电控制导引电路原理 / 115
26. 如何判断交流供电枪是否连接 / 117
27. 如何判断交流充电枪是否连接 / 118
28. 如何判断交流充电电缆是否连接 / 118
29. 如何确认交流充电电缆设计最大电流 / 119
30. 如何确认交流充电桩最大供电电流 / 119
31. 交流慢充是如何工作的 / 119
32. 控制导引电路中的电阻值是多少 / 121
33. 正常条件下如何控制交流慢充结束或停止 / 121
34. 非正常条件下如何控制交流慢充结束或停止 / 121
35. 直流充电接口触头 / 122
36. 直流充电接口功能 / 123
37. 直流充电连接界面 / 123
38. 直流充电控制导引电路原理 / 124
39. 直流充电控制导引电路参数值 / 125
40. 直流充电电路原理是什么 / 126

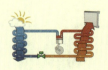

41. 如何判断直流充电枪是否连接 / 126

42. 直流快充是如何工作的 / 128

43. 正常条件下如何控制直流快充结束 / 128

44. 非正常条件下如何控制直流快充终止 / 128

第八章　热泵空调系统 / 130

1. 电动汽车冬天采暖方式 / 130
2. 风暖 PTC 如何采暖 / 130
3. 水暖 PTC 如何采暖 / 131
4. 什么是热泵空调 / 132
5. 为什么采用热泵空调 / 132
6. 热泵空调包括哪些部件 / 133
7. 涡旋式电动压缩机 / 134
8. 热泵空调制冷工况 / 136
9. 热泵空调制热工况 / 137
10. 热泵空调除冰工况 / 138

第九章　故障诊断解析 / 139

1. 诊断基本原则 / 139
2. 诊断基本步骤 / 140
3. 诊断基本方法 / 141
4. 5W2H 问诊法 / 141
5. 正确使用万用表 / 143
6. 导线故障解析 / 143
7. 模块无法通信故障解析 / 144
8. 无法交流慢充故障解析 / 145
9. 无法直流快充故障解析 / 151
10. 充电跳枪故障解析 / 155
11. 无法高压上电故障解析 / 155
12. 无法行驶故障解析 / 156

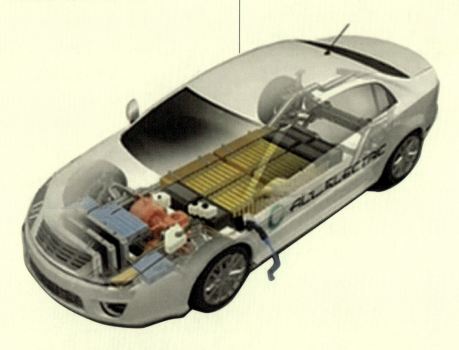

第一章
电动汽车安全操作

1. 什么是触电

➤ 首先,我们要了解什么是电?电是一种自然现象,指静止或移动的电荷产生的物理现象。在现实生活中,电的产生机制导致很多众所熟知的现象,如:
- 闪电
- 摩擦起电
- 静电感应
- 电磁感应

➤ 我们在生活中使用的电,主要是通过火力发电站、水力发电站和风力发电站内的发电机组产生的,再通过高压输电线路、变电所、配电线路、配电箱、电表到每户的用电设备。

➤ 电动汽车使用的电,主要是由动力电池提供的,并且动力电池一直带有高压电。

➤ 从严格意义上来说,只要接触电源就叫触电。例如,用双手分别按住12V蓄电池的正极、负极也算触电。我们通常说的触电,是指人体直接触及电源或高压电经过空气或其他导电介质致使电流通过人体时引起的组织损伤和功能障碍,重者导致人发生心跳和呼吸骤停。

图1-1为自然界的闪电现象。

图1-1 闪电

你知道吗?

➤ 当我们在比较干燥的环境中穿脱化纤材质的衣服时,身体会感到些许刺痛,这其实是发生了静电触电现象。

➤ 静电触电现象通常只会让我们的身体感到麻一下,但是,静电电压有可能达到几万伏,其放电过程产生的火花会导致可燃物燃烧或者爆炸。因此,加油站内的加油机上一般设有静电释放器,工作人员提起加油枪前要触摸释放器,将体内静电释放,以免发生危险。图1-2为静电释放器标识。

2. 人为什么会触电

这需要我们回忆一下几个上初中时学习的物理概念：
- 电流
- 电压
- 电阻
- 导体

电流就像水流，导体就像水管，一切阻碍电流流过导体的物体就是电阻，电压就是把电流注入导体的动力。人之所以会触电，是因为人是导体。

人体组织中的水分约占体重的60%，是导电性能良好的导体。一旦人体的不同部位之间形成电压和回路，电流流过人体时，就会发生触电事故。

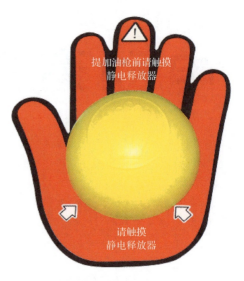

图1-2 静电释放器标识

3. 人体什么时候通过电流

- 人体之中出现电压时才会形成电流。例如，在室外，我们经常见到小鸟站在高压电线上，但它们没有触电。
- 如图1-3所示，小鸟的两只脚总是站在同一根高压线上，所以两只脚之间不存在电压，无法形成电流。因此，小鸟即使落在几万伏的高压电线上，也能安然无恙。

图1-3 电线上的小鸟

4. 电流分为几个等级

不同强度的电流会对人体产生不同的伤害。通过人体的电流越大,人体的生理反应越明显,感受越强烈,引起心室纤维颤动所需的时间就越短,致命的危害就越大。按照人体对电流的生理反应强弱和电流对人体的伤害程度,可将电流大致分为以下四个等级:

- 感知电流:指能引起人体感觉但无有害生理反应的最小电流(交流 1 mA;直流 5 mA)。
- 摆脱电流:指人触电后能自己摆脱电源而无病理性危害的最大电流(交流 10 mA;直流 30 mA)。
- 安全电流:指人体能忍受而无致命危险的最大电流(交流 30 mA;直流 50 mA)。
- 致命电流:指能引起心室纤维颤动而危及生命的最小电流(交流 50 mA;直流 100 mA)。

表 1-1 是不同类型及大小的电流作用于人体上的生理反应。

表1-1 不同类型及大小的电流作用于人体的生理反应

电流/ mA	生理反应	
	交流(50/ 60 Hz)	直流
0.6~1.5	开始有感觉,手指轻轻颤抖	无感觉
2~3	手指强烈颤抖	无感觉
5~7	手部痉挛	感觉痒和热
8~10	手指难以摆脱电源,但还能摆脱	热感觉增强
20~25	手迅速麻痹,不能摆脱电源	热感觉大大增强
50~80	呼吸麻痹,心房开始震颤	强烈热感觉,呼吸困难
90~100	呼吸麻痹,延续3 s心脏停搏	呼吸麻痹
300以上	作用0.1 s,呼吸麻痹、心脏停搏,肌体组织破坏	昏迷

5. 电压对人体的影响

汽车上的 12 V 蓄电池虽然电压低,但短路产生的电流可能非常大,并产生可能导致以下后果的热量:

- 火灾
- 烧伤
- 在短路期间产生的易燃氢气引发爆炸

12 V 电压可能造成人体严重烧伤。例如,手握的扳手与蓄电池正极、负极直接接触。

如果一只手按住 12 V 蓄电池正极,另一只手按住其负极,因人体电阻非常大,通过人体的电流不会造成任何人身伤害。

6. 何种电压会导致危险电流

低电压时人体电阻较大。身体遭受的电压越大，人体电阻就越小。因此，更高的电压会促使更高的电流通过人体，人体电阻降低也会使电流更容易通过。

如图 1-4 所示，人体电阻根据遭受的电压的变化而变化。

➢ 电压低于 60 V 时，人体电阻非常大，流经人体的电流不会造成严重的人身伤害。

➢ 电压高于 60 V 时，人体电阻降低，从而导致电流达到造成人身伤害的水平。

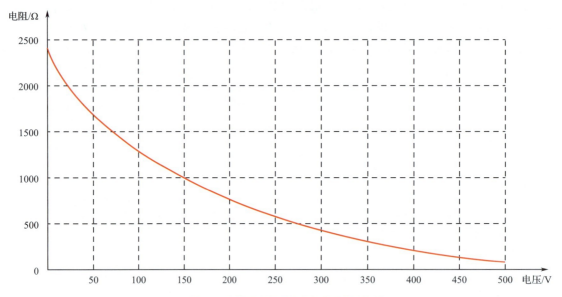

图 1-4　在不同电压下的人体电阻变化情况

如图 1-5 所示，在不同电压下流经人体的电流大小。

➢ 电压在 125 V 时，大大超出危及生命的限值。

➢ 电压在 400 V 时，危险更加严重。在这种情况下，通常导致人死亡。

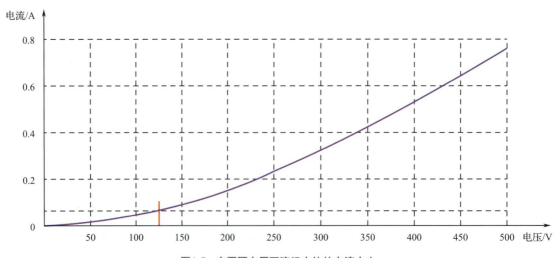

图 1-5　在不同电压下流经人体的电流大小

7. 人体电阻有多大

人体阻抗不是纯电阻，主要由人体电阻决定，人体电阻包括体内电阻和皮肤电阻。
- 体内电阻基本稳定，约为 500 Ω。
- 皮肤电阻一般在 2～20 kΩ 范围内。其值与接触电压、接触面积、接触压力、皮肤表面情况（干湿程度、有无组织损伤、是否出汗、有无导电粉尘、皮肤表层角质的厚薄）等因素有关。

人体电阻的大小是影响触电后人体受到伤害程度的重要因素。

根据欧姆定律可知，当接触电压一定时，人体电阻越小，流过人体的电流就越大，触电者也就越危险。

接触电压为 220 V 时，人体电阻的平均值为 1900 Ω；接触电压为 380 V 时，人体电阻降为 1200 Ω。经过大量实验数据的分析研究确定，人体电阻的平均值一般为 2000 Ω 左右，而在计算和分析时，通常取下限值 1700 Ω。

- 人体阻抗（交流电）

根据国际电工委员会《电流对人和家畜的效应指南 第 1 部分：通用部分》(IEC 60479-1：2018) 的说明，在干燥环境下，当在频率为 50/60 Hz 交流电下而大面积接触时，电流从一只手传导至另一只手的人体阻抗总值，如表 1-2 所示。

表1-2 在干燥环境下，当在频率为50/60 Hz交流电下而大面积接触时，电流从一只手传导至另一只手的人体阻抗总值

接触电压/ V	不超过以下人口的人体阻抗总值/Ω		
	5%的人口	50%的人口	95%的人口
25	1750	3250	6100
50	1375	2500	4600
75	1125	2000	3600
100	990	1725	3125
125	900	1550	2675
150	850	1400	2350
175	825	1325	2175
200	800	1275	2050
225	775	1225	1900
400	700	950	1275
500	625	850	1150
700	575	775	1050
1000	575	775	1050

- 人体阻抗（直流电）

根据国际电工委员会《电流对人和家畜的效应指南 第 1 部分：通用部分》(IEC 60479-1：2018) 的说明，在干燥环境下，当在直流电下而大面积接触时，电流从一只手传导至另一只手的人体阻抗总值，如表 1-3 所示。

表1-3 在干燥环境下，当在直流电下而大面积接触时，电流从一只手传导至另一只手的人体阻抗总值

接触电压/V	不超过以下人口的人体阻抗总值/Ω		
	5%的人口	50%的人口	95%的人口
25	2100	3875	7275
50	1600	2900	5325
75	1275	2275	4100
100	1100	1900	3350
125	975	1675	2875
150	875	1475	2475
175	825	1350	2225
200	800	1275	2050
225	775	1225	1900
400	700	950	1275
500	625	850	1150
700	575	775	1050
1000	575	775	1050

你知道吗？

➢ 一般认为，接触到真皮里，一只手臂或一条腿的电阻大约为500 Ω。

➢ 从一只手臂到另一只手臂或从一条腿到另一条腿的通路相当于一个1000 Ω的电阻。

➢ 假定一个人用双手紧握带电体，双脚站在水坑里而形成导电回路，这时人体电阻基本上就是体内电阻，约为500 Ω。

图1-6为人体电阻示意图。

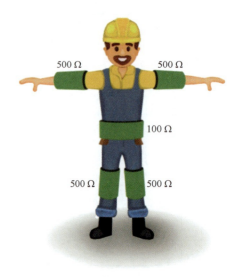

图1-6 人体电阻示意图

8. 什么是单相触电

➢ 如图1-7所示，单相触电是指在地面或其他接地体上，人体的某一部位接触三相线中的某一相线（火线）时，电流从相线通过人体流回大地或中性线（零线）引起的触电。

➢ 单相触电加在人体的电压是交流 220 V 的相电压。

➢ 在日常生活中使用的 220 V 交流电就是单相电,主要由一条相线和一条中性线构成,只是人们认为有两根导线,才称之为两相电。

➢ 几乎每个家庭用的都是单相电,因此,家庭触电事故大多数属于单相触电事故。例如,家用电器在绝缘线路老化的情况下,手触及漏电的地方,就会造成单相触电。其原因主要有以下几点:

◆ 操作失误
◆ 工作不规范
◆ 安全防护不到位
◆ 用电安全意识不到位

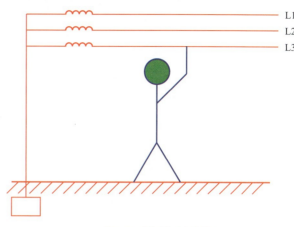

图1-7 单相触电示意图

➢ 在单相电路中,为了更形象、更好理解,人们为相线和中性线分别起了两个别名,叫作火线和零线。因此,相线=火线,零线=中性线。

➢ 相线很好理解,发电站的电能输出就是靠相线。在三相电路中,三根相线彼此之间的电压为 380 V,称为线电压。它们有一个共同的交点,这个交点叫作"中性点"。由"中性点"引出的线就叫作"中性线"。"中性线"与任一相线之间的电压为 220 V,称为相电压。

9. 什么是双相触电

➢ 如图 1-8 所示,双相触电是指人体的两个部位同时接触三相线中的两根相线,电流从一根相线经人体流入另一根相线。

➢ 双相触电加在人体的电压是交流 380 V 的线电压,危险程度远大于单相触电,轻微的会引起触电烧伤或致残,严重的可导致触电死亡事故。双相触电致人死亡的时间只有 1~2 s。

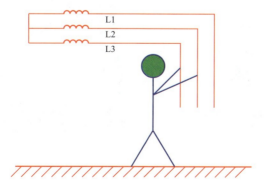

图1-8 双相触电示意图

10. 什么是接触电压触电

> 外壳接地的电气设备，绝缘损坏而使外壳带电，电流就由设备外壳经接地线、接地体流入大地。
> 如果设备接地电阻过大或接地线、接地体发生断路故障，此时人接触设备外壳就会造成接触电压触电。

11. 什么是跨步电压触电

> 高压输电线掉到地面上时，因电压很高，以输电线落地点为中心 20 米以内形成的同心圆均带电，离输电线落地点越远，电位越低。
> 如图 1-9 所示，此时有人步入高压输电线掉落区域，两脚迈开 0.8 米，由于人的两脚电位不同，则在两脚之间出现电位差，这个电位差叫作跨步电压。一旦跨步电压超过允许值，就会发生人身触电事故，这就叫作跨步电压触电。
> 可通过以下方法避免跨步电压触电：
- 远离高压输电线掉落区域。
- 如不慎步入高压输电线掉落区域，应单脚或双脚并拢跳着离去。
- 必须进入高压输电线掉落区域时，应穿绝缘靴。

图1-9 跨步电压触电示意图

12. 触电伤害类型

人由于不慎触及带电体，将产生触电事故。如图 1-10 所示，根据触电事故对人体伤害程度的不同，可将触电伤害分为以下两种类型：

> 电击伤害

电击是指人体直接接触带电体时，电流通过人体内部，对内部组织造成的伤害。电击主要是伤害人体的心脏、呼吸和神经系统，破坏人的正常生理活动，甚至危及生命。前面讲到的单相触电、双相触电、接触电压触电和跨步电压触电都会造成电击伤害。

> 电伤伤害

电伤是指电流对人体外部（表面）造成的局部伤害。电伤一般会在肌肤上留下伤痕，虽然使人承受痛苦，甚至造成失明、截肢，但一般不会致死。常见的电伤伤害包括电弧烧伤、电烙伤、皮肤金属化等。

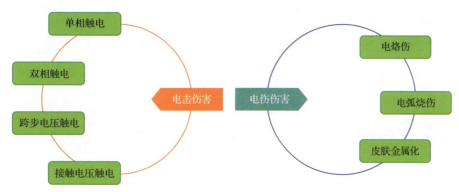

图1-10　触电伤害类型

13. 触电伤害程度影响因素

如图 1-11 所示，影响触电伤害程度的有以下因素：

> 电流大小

电流的大小直接影响人体触电的伤害程度。不同大小的电流会引起人体不同的反应。

> 电流持续时间

人体触电时间越长，电流对人体产生的伤害越严重。一般情况下，交流电流 20 mA 以下及直流电流 50 mA 以下，对人体是安全的。如果触电时间很长，即使交流电流小到 8～10 mA，也可能使人致命。

> 电流流经途径

电流通过人体的途径也是影响人体触电严重程度的重要因素之一。电流流经心脏最危险，会引起心室颤动，甚至使心脏停止跳动而导致人死亡。电流通过脊椎或中枢神经，会引起生理机能失调。电流通过脊髓，可能导致截瘫。电流通过头部，会使人昏迷。

> 电流频率

人体触电的伤害程度与触电电流频率有关。一般来说，频率为 25～300 Hz 的电流造成的人体触电的伤害程度最为严重。低于或高于此频率段的电流造成的人体触电的伤害程度明显减轻。在高频情况下，人体能够承受更大的电流作用。目前，医疗上采用 20 kHz 以上的高频电流对人体进行治疗。

> 人体电阻

根据欧姆定律可知，当接触电压一定时，人体电阻越小，流过人体的电流越大，触电者越危险。

> 人体状况

电流对人体的伤害程度与性别、年龄、身体及精神状态有很大关系。一般来说，女性比男性对电流敏感；小孩比大人对电流敏感。

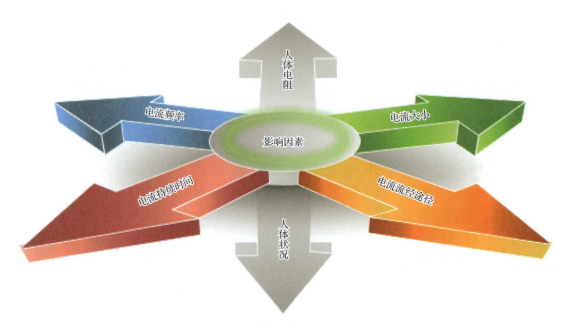

图1-11　触电伤害程度影响因素

14. 如何脱离触电电源

发现有人触电时，不要惊慌，首先设法使触电者尽快脱离电源。对一般低压触电，脱离电源的方法可用"拉""切""挑""拽""垫"五个字来概括。

> "拉"：就近拉开电源开关、拔出插销或保险丝，切断电源。
> "切"：用带有可靠绝缘柄的电工钳、锹、刀、斧等利器将电源切断。
> "挑"：如图 1-12 所示，用干燥的木棒、竹竿将导线挑离触电者，使触电者脱离电源。
> "拽"：救护人戴上手套或在手上包缠干燥的衣物等绝缘物品拖拽触电者，使其脱离电源。特别要注意的是：拖拽时切勿触及触电者的体肤。救护人亦可站在干燥的木板、橡胶垫等绝缘物品上，用一只手将触电者拖离电源。
> "垫"：如果触电者因痉挛手指紧握导线或导线缠绕在身上，而前面所述办法不易实施时，救护人可将

干燥的木板塞到触电者身下，使其与大地绝缘，以此来隔离电源。

图 1-12　用木棒挑开电线

15. 如何进行触电急救

➢ 若触电者呼吸和心跳均未停止，此时应让其就地平躺，安静休息，不要让其走动，以减轻心脏负担并严密观察其呼吸和心跳的变化。

➢ 若触电者呼吸停止、心跳尚存，则应对其做人工呼吸。如图 1-13 所示，人工呼吸是指用人工方法使空气有节律地进入和排出肺脏，达到维持呼吸、为组织供氧的目的。

◆ 进行人工呼吸前，应先解开触电者的领扣、紧身衣服、裤带，清除口腔内的血块、分泌物或呕吐物等，有假牙者应取出，保持呼吸道通畅。

◆ 进行口对口人工呼吸时，将触电者下颌托起，捏住鼻孔，救护人深吸气后，用自己的口紧贴触电者的口，平和地吹一口气（注意不要用力吹），看到触电者胸壁扩张后停止吹气，之后迅速离开触电者的口。如此反复进行，每分钟约 20 次。

➢ 若触电者心跳停止、呼吸尚存，则应对其做胸外按压。

◆ 进行胸外按压时，触电者必须平卧，背部垫以木板或者平卧在地板上，救护人移除或解开触电者颈部及胸部区域的衣服。

◆ 救护人立于或跪于触电者一侧，将一只手掌的根部置于触电者胸骨下半部（此处即为胸部中央），另一只手掌的根部附于前一只手掌之上，手指相互扣紧，两臂伸直，凭自身重力通过双臂和双侧手掌垂直向触电者胸骨加压。

◆ 胸外按压应有力而迅速，每次按压后，应使胸廓完全恢复原位。

◆ 胸外按压应始终保持在每分钟 100 ~ 120 次，深度为 5 ~ 6 cm。

◆ 按压低于每分钟 100 次，将不能将足够的血液泵入脑、心及其他器官；按压快于每分钟 120 次，将不能够给心脏足够的时间充盈,这就会减少血的输出量。

◆ 按压深度超过 6 cm 会增加损伤的风险,按压深度不够 5 cm 将不能足够挤压心脏,以产生充足的血液流动。

➢ 若触电者呼吸和心跳均停止,应立即用心肺复苏方法进行抢救,即每做 30 次胸外按压,交替进行 2 次人工呼吸。

图1-13 人工呼吸示意图

16. 电动汽车电路电压等级

➢ 《电动汽车安全要求》(GB 18384—2020)规定,根据不同电压等级可能对人体产生触电伤害程度的不同,在电动汽车中将电压分为以下等级,如表1-4所示。

表1-4 电动汽车电压等级

电压等级	最大工作电压/ V U	
	直流	交流(rms)
A	$0 < U \leq 60$	$0 < U \leq 30$
B	$60 < U \leq 1500$	$30 < U \leq 1000$

◆ A 级电压通常称为安全电压。
◆ B 级电压通常称为危险电压。

警告:电动汽车属于 B 级电压电路的高压系统

17. 电动汽车高压系统电压等级

> 《电动汽车高压系统电压等级》（GB/T 31466—2015）定义的电动汽车高压系统，是指电动汽车内部与动力电池直流母线相连或由动力电池电源驱动的高压驱动零部件系统。

> 高压系统主要包括但不限于：动力电池系统和（或）高压配电系统［高压接触器、熔断器、电阻器（以下简称电阻）、主开关等］、电机及其控制系统、电动压缩机总成、DC/DC 转换器、车载充电机（如果配置）和 PTC（正温度系数热敏电阻）加热器等。

电动汽车高压系统直流电压等级如表 1-5 所示。

表1-5　电动汽车高压系统直流电压等级

电压等级/ V						备 注
144	288	317	346	400	576	由于电动汽车技术进步、整车布置空间方面的因素，在具体应用时，可采用偏离该电压等级的其他电压

18. 电动汽车有哪些高压部件

在电动汽车上，整车带有高压电的零部件包括以下几个：

- 动力电池
- 驱动电机
- 电机控制器（MCU）
- 高压配电盒（PDU）
- 电动压缩机
- DC/DC 转换器（直流转换器）
- 车载充电机（OBC）
- 风暖 PTC
- 水暖 PTC
- 交流慢充接口
- 直流快充接口
- 高压线束

不同品牌的不同车型，整车采用的高压部件会有所不同。

19. 必备防护与绝缘工具

电动汽车高压安全操作必备的防护与绝缘工具，如图 1-14 所示。

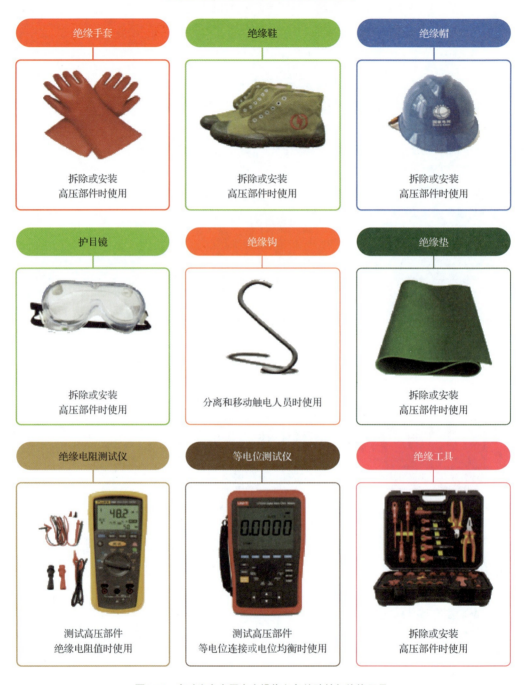

图1-14 电动汽车高压安全操作必备的防护与绝缘工具

20. 如何检查绝缘手套

《带电作业用绝缘手套》(GB/T 17622—2008)规定的带电作业用绝缘手套,按照使用方法分为常规型绝缘手套和复合型绝缘手套。

➢ 常规型绝缘手套自身不具备机械保护性能，一般要配合机械防护手套（如皮质手套）使用。

➢ 复合型绝缘手套自身具备机械保护性能，可以不配合机械防护手套使用。

《带电作业用绝缘手套》将绝缘手套按电气性能分为五级，如表1-6所示，适用于不同电压等级。图1-15为绝缘手套电压等级标识。

表1-6 不同级别绝缘手套对应电压等级

级别	AC[a]/ V
0	380
1	3000
2	10000
3	20000
4	35000

[a] 在三相系统中电压指的是线电压

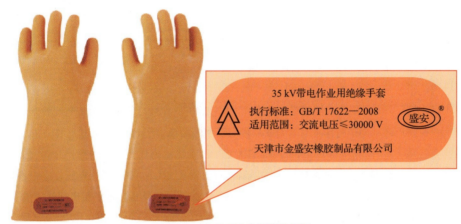

图1-15 绝缘手套电压等级标识

➢ 如图1-16所示，在使用绝缘手套前，请按照以下步骤确认绝缘手套有无裂纹及其他损伤。

◆ 第一步：侧位放置绝缘手套，使空气进入。
◆ 第二步：将绝缘手套边缘卷起。
◆ 第三步：将卷起的绝缘手套边缘对折并捏紧，以使其密封。
◆ 第四步：用手捏被密封的绝缘手套，确认有无空气泄漏。

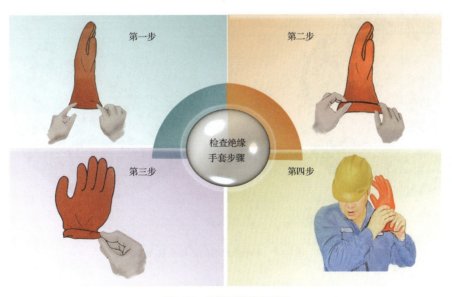

图1-16 绝缘手套检查步骤

21. 绝缘手套使用注意事项

> 使用前，要进行充气检查，如果发现有任何破损，就不可继续使用。
> 使用时，必须将衣服袖口套入筒口内，以免发生意外。
> 使用后，将内外污渍擦洗干净，晾干后撒上滑石粉，将其放平整，以防受压、受损。
> 贮存时，环境温度宜为 10 ~ 21℃，将其贮存在专用箱内，避免阳光直射，雨雪浸淋，防止挤压、折叠和尖锐物体碰撞。

22. 与带电部件的距离指南

> 如图 1-17 所示，如果要在非绝缘带电部件（1）附近执行作业，但不接触带电部件，该作业区域定义为附近区域（3）。在附近区域内执行作业意味着在与带电部件的距离小于 30 厘米处执行作业。
> 带电作业区域（2）是带电部件（1）周围的区域。带电作业为作业人员的部分身体、工具、装备或设备接触带电部件，以及在带电作业区域内或附近的所有作业。对于 60 ~ 1000 V 的电压，空中不存在真正的带电作业区域。带电作业区域为直接带电部件，因此，只有在工具或部分身体直接接触带电部件的情况下才能达到。这适用于最大电压低于 1000 V 的电动汽车上的作业。
> 附近区域（3）为带电作业区域（2）周围的区域。对于 60 ~ 1000 V 的电压，从带电部件测量，附近区域为 30 厘米以内的区域。
> 在日常生活中，带电导体外部有绝缘层，所以，我们接触它时并不会有任何危险。同样，电动汽车的高压线缆外部也有绝缘层，绝缘可消除带电作业区域和附近区域，接触线缆无任何危险。

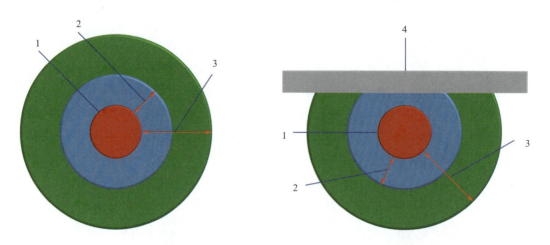

1.非绝缘带电部件 2.带电作业区域 3.附近区域 4.绝缘区域

图1-17 带电作业时的区域示意图

23. 为什么单手作业

➢ 在某些情况下，对于需要高精度的作业，可能有必要在高于 60 V 的电压下单手作业，如图 1-18 所示。单手作业的原则是用一只手作业，将另一只手放在口袋中。

➢ 单手作业方便在受限空间或使用绝缘手套不灵便的小部件处操作。

➢ 在单手接触两个带电部件的情况下，电流不会经过整个身体，只经过手的接触区域。这样，可降低胸部和心脏发生短路的风险。

➢ 请注意，如果电流通过身体，务必立即就医并告知医护人员具体情况。

图 1-18 单手执行作业示意图

24. 如何进行高压断电

➢ 移：移除车辆上所有的外部电源，包括 12 V 蓄电池充电器。

➢ 拔：拔出充电枪。

➢ 关：关闭点火开关，将钥匙放入指定位置。

➢ 取：取下手动维修开关（如图 1-19 所示），将其放入指定位置并将裸露的维修开关槽用绝缘胶布密封；如车辆未配置手动维修开关，则应断开低压维修开关。

➢ 测：测量 12 V 蓄电池的端电压，电压值低于 12.5 V 则正常。

- 断：断开 12 V 蓄电池负极端子，并远离负极接线柱区域。
- 等：等待 5 min，以保证高压部件中的电容器（以下简称"电容"）进行被动放电。
- 查：佩戴个人安全防护设备，拆卸高压连接器，进行下一步的验电操作。

图1-19 手动维修开关

> **注意**
> 验电操作时，必须使用 CAT Ⅲ 防护等级 1000 V 的数字万用表。

25. 如何进行验电操作

在进行高压断电后，应检查高压系统的电压是否低于 60 V，否则不得进行高压系统检修或部件拆卸。检查整车高压系统的电压是否低于 60 V 时，必须使用三步法，以确保高压操作时的人身安全。

- 首先，使用 CAT Ⅲ 防护等级 1000 V 的数字万用表测试 12 V 蓄电池的端电压。
- 测量动力电池直流母线高压连接器端子电压（一般在机舱内的高压配电盒处测量）。
- ◆ 高压正极、负极之间电压，标准电压值应小于 60 V。
- ◆ 高压正极、负极分别对车身的电压，标准电压值均应小于 60 V。
- 再次测试 12 V 蓄电池的端电压。

利用此方法，可确保数字万用表在测量前后均工作正常。

26. 什么是 CAT 等级

CAT 等级又称为测量类型、过电压等级或设备类型等，CAT 是 "category" 的简写，是种类、类别、范围、等级之意，其后面的罗马数字Ⅰ、Ⅱ、Ⅲ或Ⅳ是级别数。

- 测量类型

国际电工委员会《测量、控制和实验室用电气设备的安全要求 第 1 部分：通用要求》（IEC 61010-1）把电气工作人员工作的区域（或电子电气测量仪器的使用场所）分为四个类型，分别为 CAT Ⅰ、CAT Ⅱ、CAT Ⅲ 和 CAT Ⅳ。它严格规定了电气工作人员在不同类别的电气环境中可能遇到的电气设备类型，以及在这样的区域中工作使用的测量仪器必须遵循的安全标准；它描述了测量仪器在所测量的电路中可进行的测量工作，划定了测量仪器所属的最高"安全区域"。CAT 测量类型的位置分布如图 1-20 所示。

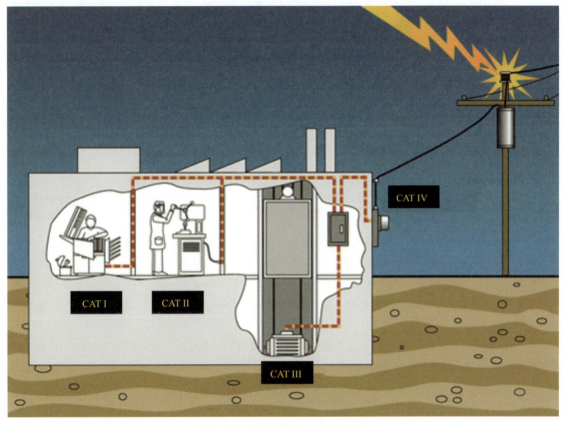

图1-20　CAT测量类型的位置分布

表 1-7 为 CAT 测量类型的说明和举例。

表1-7　CAT测量类型的说明和举例

测量类型	说　　明	举　　例
CAT Ⅰ	电子设备	◇ 受保护的电子设备 ◇ 复印机的高电压部分
CAT Ⅱ	单相插座连接的负载	◇ 电器、便携式工具及其他相似负载 ◇ 插座和长分支线路
CAT Ⅲ	三相分布式环境，包括单相商业照明用电	◇ 固定装置中的设备，如开关柜和多相电机 ◇ 大型楼宇建筑中的照明系统
CAT Ⅳ	公用电力连接处的三相线路，任何室外导体	◇ 指"装置起点"，即与公用电力进行低压连接的位置 ◇ 指至独立建筑物的架空线

➢ 过电压等级

电气测量仪器上面标注的 CAT 等级表明了它们各自所属的最高的"安全区域"，在 CAT 等级后面的电压值是指万用表在相应的测量环境中能够进行测量的最大连续工作电压，称之为万用表的额定电压值或过电压等级。CAT 等级是向下单向兼容的，也就是说，一块标注 CAT Ⅲ 1000 V 的万用表在 CAT Ⅰ、CAT Ⅱ 和 CAT Ⅲ 下使用是完全安全的，但这款表在 CAT Ⅳ 的环境下使用就不能保证安全了。

表1-8为CAT过电压等级的工作电压和瞬时最高电压。

表1-8 CAT过电压等级的工作电压和瞬时最高电压

过电压等级	工作电压/V （对地直流或交流有效值）	瞬时最高电压/V （重复20次）	测试源阻抗/Ω
CAT Ⅰ	600	2500	30
CAT Ⅰ	1000	4000	30
CAT Ⅱ	600	4000	12
CAT Ⅱ	1000	6000	12
CAT Ⅲ	600	6000	2
CAT Ⅲ	1000	8000	2

> CAT Ⅲ 600 V 比 CAT Ⅱ 1000 V 更安全，为什么只能承受 600 V 电压的设备比 1000 V 更安全？

◆ 这里涉及测试源阻抗的问题。测试源阻抗越大，CAT 过电压等级越低。由上表可知，CAT Ⅲ 等级的阻抗为 2 Ω，CAT Ⅱ 等级的阻抗为 12 Ω，即 CAT Ⅱ 等级的阻抗是 CAT Ⅲ 级阻抗的 6 倍。所以，虽然 CAT Ⅲ 等级的电压小，但阻抗也小，电流大，从而能够承受更高的能量。所以，CAT Ⅲ 600 V 比 CAT Ⅱ 1000V 更安全。

◆ 在同一个 CAT 过电压等级下，工作电压越高，其安全等级也越高（同一 CAT 等级的测试源阻抗相同）。例如，CAT Ⅲ 1000 V 比 CAT Ⅲ 600 V 更安全。

27. 什么是 IP 防护等级

> 什么是 IP 防护等级

IP（ingress protection）防护等级是指按标准规定的检验方法，确定外壳对人接近危险部件、防止固体异物进入或水进入所提供的保护程度。

《外壳防护等级（IP 代码）》（GB/T 4208—2017）说明的 IP 代码配置由两个数字及两个字母组成，如下所示。

IP　　　6　　　9　　　B　　　S
（1）　（2）　（3）　（4）　（5）

（1）代码字母（国标防护）
（2）第一位特征数字（数字 0 ~ 6）
（3）第二位特征数字（数字 0 ~ 9）
（4）附加字母（字母 A，B，C，D）
（5）补充字母（字母 H，M，S，W）

注意：不要求规定特征数字时，由字母"X"代替。附加字母和补充字母可省略，无须代替。如 IP67 无附加字母，无补充字母；IPXXD 省略两位特征数字，使用附加字母。

➢ 第一位特征数字说明

第一位特征数字表示的是防止固体异物进入的防护等级，如表 1-9 所示。

表1-9　IP防护等级第一位特征数字的含义

第一位特征数字	说　明	含　义
0	无防护	—
1	防止直径不小于50 mm的固体异物	直径50 mm的球形物体试具不得完全进入壳内
2	防止直径不小于12.5 mm的固体异物	直径12.5 mm的球形物体试具不得完全进入壳内
3	防止直径不小于2.5 mm的固体异物	直径2.5 mm的物体试具不得完全进入壳内
4	防止直径不小于1.0 mm的固体异物	直径1.0 mm的物体试具不得完全进入壳内
5	防尘	不能完全防止尘埃进入，但进入的灰尘量不得影响设备的正常运行，不得影响安全
6	尘密	无灰尘进入

➢ 第二位特征数字说明

第二位特征数字表示的是防止水进入的防护等级，如表 1–10 所示。

表1-10　IP防护等级第二位特征数字的含义

第二位特征数字	说　明	含　义
0	无防护	—
1	防止垂直方向滴水	垂直方向滴水应无有害影响
2	防止当外壳在15°倾斜时垂直方向滴水	当外壳的各垂直面在15°倾斜时，垂直滴水应无有害影响
3	防淋水	当外壳的垂直面在60°范围内淋水，无有害影响
4	防溅水	向外壳各方向溅水无有害影响
5	防喷水	向外壳各方向喷水无有害影响
6	防强烈喷水	向外壳各个方向强烈喷水无有害影响
7	防短时间浸水影响	浸入规定压力的水中，经规定时间后，外壳进水量不致达到有害程度
8	防持续浸水影响	按生产厂和用户双方同意的条件（应比特征数字为7时严酷）持续潜水后，外壳进水量不致达到有害程度
9	防高温、高压喷水的影响	向外壳各方向喷射高温、高压水无有害影响

➢ 附加字母说明

附加字母表示的是对接近危险部件的防护等级，如表 1–11 所示。

表1-11　IP防护等级附加字母的含义

附加字母	说　明	含　义
A	防止手背接近	直径50 mm的球形试具与危险部件应保持足够的间隙
B	防止手指接近	直径12 mm、长80 mm的铰接试指与危险部件应保持足够的间隙
C	防止工具接近	直径2.5 mm、长100 mm的试具与危险部件应保持足够的间隙
D	防止金属线接近	直径1.0 mm、长100 mm的试具与危险部件应保持足够的间隙

> 补充字母说明

在有关产品标准中,可由补充字母表示补充的内容,补充字母放在第二位特征数字或附加字母后。补充字母及含义如表 1-12 所示。

表1-12 IP防护等级补充字母的含义

字 母	含 义
H	高压设备
M	防水试验在设备的可动部件（如旋转电机的转子）运行时进行
S	防水试验在设备的可动部件（如旋转电机的转子）静止时进行
W	提供附加防护或处理,以适用于规定的气候条件

28. 维修工位要求

电动汽车在驱动方式上有别于燃油汽车,在维修技术上也与燃油汽车有很大的区别。因此,检修电动汽车时,应使用如图 1-21 所示的专用维修工位,对于维修工位具有以下要求:

> 工位设备尽可能采用特殊颜色,以便与其他工位区别。
> 工位必须干燥,以降低区域人员的触电风险。
> 工位必须具有通风设施且照明强度适中。
> 配备高压警示标志、安全隔离措施及相应设备（隔离护栏、灭火器等）。
> 将绝缘钩放置在易触及的位置。
> 户外必须安装专用维修工位接地线,在进行高压检修作业前,必须将车身用搭铁线连接到专用维修工位的接地线上。

图1-21 电动汽车专用维修工位

29. 电动汽车检修规范

电动汽车维护与维修，必须同时由两名（一主一辅）持有低压电工作业操作证的技师进行。

➢ 取下首饰和金属物件

金属会导电，可能引起短路，造成严重人身伤害。注意：即使在 60 V 以下时也是如此。

➢ 使用护目镜或面罩

使用正确类型的护目镜或面罩。

➢ 使用绝缘手套

必须使用经过正确分类的绝缘手套。使用前，不要忘记检查绝缘手套是否出现空气泄漏等损坏。

➢ 穿用天然材料制成的衣服

衣服必须能够耐受电弧产生的热量，且不会着火。

➢ 穿绝缘鞋

鞋必须绝缘，且可以承受掉落的物体。

➢ 使用正确的测量工具

必须使用经过正确分类的 CAT Ⅲ 和 CAT Ⅳ 测量工具。

➢ 使用正确的绝缘工具

涉及高压部件的拆装必须使用绝缘工具，且绝缘柄的过电压等级必须在 1000 V 以上。

➢ 将绝缘钩放置在易触及的位置。

➢ 在工作区域的地面上铺绝缘垫。

➢ 将拆下的动力电池放在指定区域，并设置隔离护栏和警示标志。

➢ 在带电部件和连接件上放置橡胶垫或橡胶塞，以获得绝缘和机械屏障。

30. 电动汽车检修流程

电动汽车检修流程如图 1-22 所示。

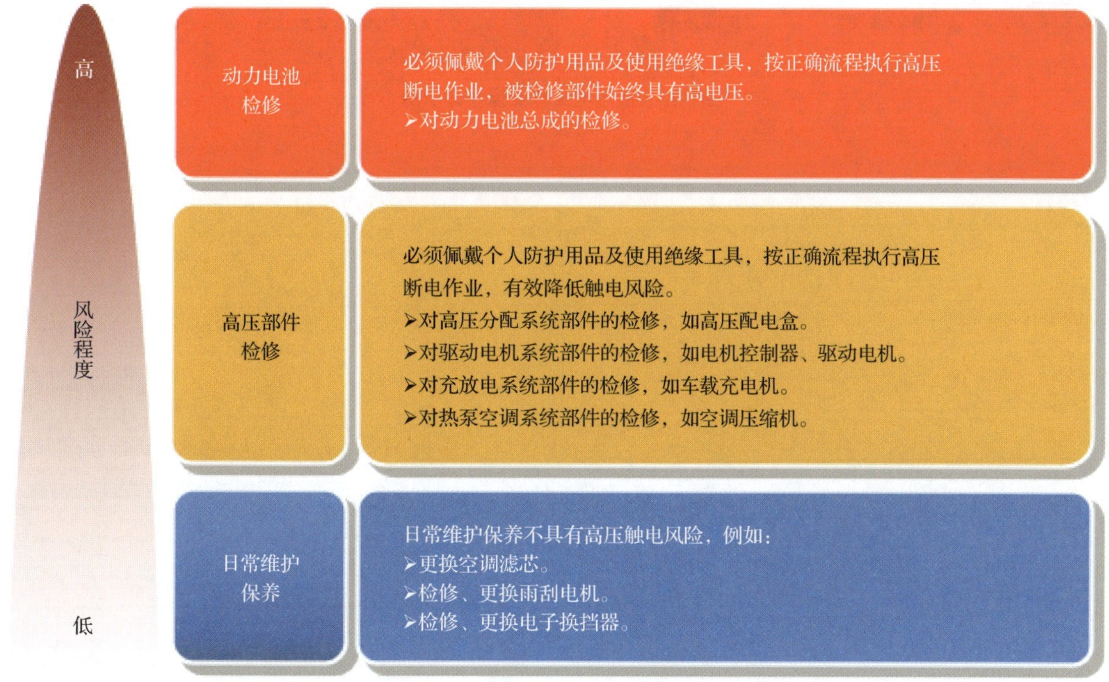

风险程度	检修类别	说明
高	动力电池检修	必须佩戴个人防护用品及使用绝缘工具，按正确流程执行高压断电作业，被检修部件始终具有高电压。 ➢对动力电池总成的检修。
	高压部件检修	必须佩戴个人防护用品及使用绝缘工具，按正确流程执行高压断电作业，有效降低触电风险。 ➢对高压分配系统部件的检修，如高压配电盒。 ➢对驱动电机系统部件的检修，如电机控制器、驱动电机。 ➢对充放电系统部件的检修，如车载充电机。 ➢对热泵空调系统部件的检修，如空调压缩机。
低	日常维护保养	日常维护保养不具有高压触电风险，例如： ➢更换空调滤芯。 ➢检修、更换雨刮电机。 ➢检修、更换电子换挡器。

图1-22　电动汽车检修流程

31. 低压电工作业操作证

目前，我国将电压等级划分为以下 5 种：

- 安全电压：42 V、36 V、24 V、12 V 和 6 V。
- 低压：1000 V 以下的电压，220 V 与 380 V 均属于低压。
- 高压：1000 V 以上的电压。
- 超高压：330 ~ 750 kV。
- 特高压：1000 kV 交流；± 800 kV 直流以上。

电动汽车的电压一般为 350 ~ 650 V，按照国际标准进行划分，应该属于低压范围，但为和燃油汽车 12 V 电源进行区别，行业内通常称电动汽车的电源为高电压。

所以，维修技师必须考取低压电工作业操作证、经过电动汽车专业技术培训并通过考核，才可以维修电动汽车。

低压电工作业操作证由国家安全生产监督管理总局监制，应急管理部统一式样、标准及编号。

低压电工作业操作证有效期限为 6 年，每 3 年复审一次。图 1-23 为低压电工作业操作证示例。

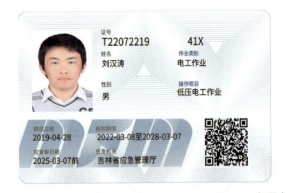 

图1-23　低压电工作业操作证示例

第二章 电动汽车安全设计

1. 高压警示标志

高压警示标志（如图2-1所示）用于警示检修人员及用户在贴有高压安全标识的遮栏或外壳、橙色高压连接器及橙色高压线束上存在对人体造成伤害的B级电压。高压警示标志可预防事故发生，但不能代替安全操作规范和防护措施。

➢ 高压安全标识

◆ 《电动汽车安全要求》（GB/T 18384—2020）规定，B级电压的电能存储系统或产生装置，应标记高压安全标识，符号底色为黄色，边框和箭头为黑色。

◆ 当移开遮栏或外壳可以露出B级电压带电部分时，遮栏和外壳上也应有同样清晰可见的符号，当评估是否需要此符号时，应当考虑遮栏或外壳可进入和可移开的情况。

➢ 橙色高压线束

高压线束外层橙色护套或波纹管可警示检修人员及用户，注意高压危险。

➢ 橙色高压连接器

橙色警示检修人员及用户，所选的连接器应达到IP67防护等级。

图2-1　高压警示标志

2. 高压接触防护

电击防护是电动汽车高压系统安全设计的重要内容,《电动汽车安全要求》(GB/T 18384—2020)规定,为防止人员与 B 级电压电路的带电部分直接接触,可通过以下两种方式或其中一种方式来实现接触防护:

> 带电部分基本绝缘。
> 通过遮栏或外壳,防止人员接近带电部分。遮栏或外壳可以是导体,也可以是绝缘体。

如果通过遮栏或外壳提供接触防护,则 B 级带电部分应布置在外壳里或遮栏后,防止人员从任何方向接近带电部分。因此,遮栏或外壳需要满足以下两点要求:

◆ 第一,对于遮栏或外壳的 IP 防护等级的要求。乘客舱内、货舱内的遮栏和外壳应满足 IPXXD 的防护等级要求;乘客舱外、货舱外的遮栏和外壳应满足 IPXXB 的防护等级要求。

◆ 第二,对于遮栏或外壳的拆卸防护的要求。通常,遮栏和外壳只能用工具打开或者去掉。若遮栏或外壳在不使用工具的情况下可以打开或者去掉,则要有某种方法使其中的 B 级电压带电部分在遮栏或外壳打开后 1 s 内至少满足以下两种要求之一:

> 交流电路电压应降到不超过 30 V;直流电路电压应降到不超过 60 V。
> B 级电路存储总能量小于 0.2 J。

图 2-2 为贴有高压警示标志的金属外壳。

图2-2 贴有高压警示标志的金属外壳

3. 高低压隔离

在电动汽车中,低压指的是 12 V 电源系统的电气线路电压;而高压指的是动力电池及相关线路电压。高低压隔离是指高压、低压系统不共地。因此,检修低压系统故障时,不需要进行高压断电操作。

➢ 低压系统的特点

◆ 低压直流供电

电动汽车与燃油汽车一样，用电设备也采用 12 V 直流电源供电。

◆ 双电源

在燃油汽车上，双电源是指 12 V 蓄电池和交流发电机。在电动汽车上，双电源是指 12 V 蓄电池和 DC/DC 转换器。需要说明的是：DC/DC 转换器是高压部件，其作用是将动力电池的高压直流电转换为低压直流电，给 12 V 蓄电池充电并向全车用电设备供电，其相当于燃油汽车上的交流发电机。

◆ 负极搭铁

将蓄电池的一个电极用导线连接到金属车身上，称为搭铁。若蓄电池的负极连接到金属车身上，称为负极搭铁；若蓄电池的正极连接到金属车身上，称为正极搭铁。我国标准规定汽车电器必须采用负极搭铁。目前，世界各国生产的汽车大多数采用负极搭铁方式。

◆ 单线制

采用负极搭铁时，从用电设备到电源只需另设一根正极导线。任何一个电路中的电流都是从 12 V 蓄电池的正极输出，经导线流入用电设备后，通过金属车身流回 12 V 蓄电池负极，形成回路。

采用单线制不仅节省导线，使电路简化，而且便于检修，可以降低故障率。

◆ 用电设备并联

汽车上的各种用电设备都采用并联方式与 12 V 蓄电池连接，每个用电设备都由串联在其支路上的专用开关控制，互不干扰。

➢ 高压系统的特点

◆ 高压直流供电

高压部件采用高压直流供电。电动汽车的动力电池电压都在 200 V 以上。

◆ 交流电与直流电并存

高压存在的形式既有直流电，也有交流电。例如，动力电池内的直流电；充电时 220 V 电网的单相交流电及驱动电机工作时的三相交流电。

◆ 双线制

高压部件均采用两根橙色高压电缆分别与动力电池的正极、负极连接。高压部件工作时的电流从动力电池的正极输出，经正极高压电缆流入高压部件后，通过负极高压电缆流回动力电池负极，以此形成回路。

◆ 高压部件并联

高压部件都采用并联方式与动力电池连接，互不干扰。图 2-3 为高压低压隔离原理图。

> **你知道吗？**
>
> ➢ 在燃油汽车上，12 V 蓄电池的负极被连接到金属车身上，形成单线制、负极搭铁的低压回路设计。
>
> ➢ 设计师在进行电动汽车高压回路设计时，充分考虑了动力电池负极若采用单线制、负极搭铁，一旦人员站在车身上不小心碰到高压部件的正极就会很危险。所以，高压回路一律采用双线制，即负极回路采用负极导线回至动力电池负极。

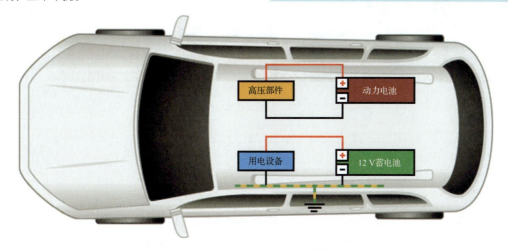

图2-3　高压低压隔离原理图

4. 绝缘电阻设计

> 什么是绝缘

绝缘是指使用不导电的物质将带电体隔离或包裹起来，以避免触电事故的一种安全措施。良好的绝缘对于保证电气设备与线路的安全运行，防止人身触电事故的发生是最基本的和最可靠的手段。

> 什么是绝缘电阻

绝缘电阻即绝缘介质具有的电阻值，是衡量绝缘介质性能好坏的物理量。如图2-4所示，在电动汽车中，绝缘电阻为高压部件带电体与外壳或电平台之间的电阻值，由于数值较大，单位常用兆欧（MΩ）表示。由于绝缘电阻的存在，人员触碰到带电部件外壳及电平台后，并不会发生触电事故。

> 对绝缘电阻的要求

电动汽车与燃油汽车相比，电气系统的比例大大增加。并且，电动汽车动力系统使用的是几百伏的高压电平台。因此，电气绝缘是电动汽车高压安全的重要项目。国际电工委员会标准《电流对人和家畜的效应指南 第1部分：通用部分》（IEC 60479-1：2018）对人体安全电流的要求如下：

- 直流电路：< 10 mA
- 交流电路：< 2 mA

因此，《电动汽车安全要求》（GB 18384—2020）规定，在最大工作电压下，对绝缘电阻的最低要求如下：

- 直流电路：≥ 100 Ω/V
- 交流电路：≥ 500 Ω/V

如果直流和交流的B级电压电路可导电的部件连接在一起，则应满足绝缘电阻不小于500 Ω/V的要求。如对交流电路进行双重或加强绝缘后，绝缘电阻可按≥ 100 Ω/V的要求执行。

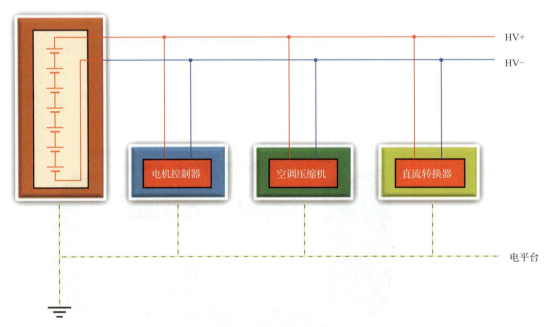

图2-4　绝缘电阻示意图

> **你知道吗？**
>
> ➢ 《低压系统内设备的绝缘配合 第1部分：原理、要求和试验》（GB/T 16935.1—2008）中，对绝缘概念定义如下：
>
> ◆ 基本绝缘：设置在危险的带电部件上，提供基本保护的绝缘。
>
> ◆ 附加绝缘：除用于故障保护的基本绝缘外，另外设置的独立绝缘。
>
> ◆ 双重绝缘：由基本绝缘和附加绝缘两者组成的绝缘。
>
> ◆ 加强绝缘：设置在危险的带电部件上，提供与双重绝缘相等的电击防护等级的绝缘。
>
> 基本绝缘与附加绝缘如图2-5所示。

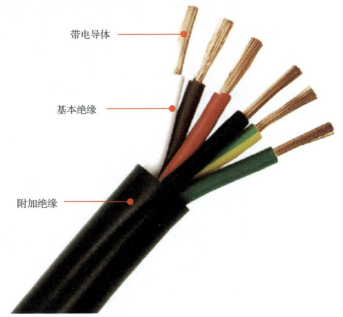

图2-5 基本绝缘与附加绝缘

5. 绝缘电阻监测

➢ 绝缘电阻监测要求

《电动汽车安全要求》（GB 18384—2020）对绝缘电阻监测的要求如下：

在车辆B级电压电路接通且未与外部电源传导连接时，绝缘电阻监测功能能够持续或者间歇地检测车辆的绝缘电阻值。当该绝缘电阻值小于制造商规定的阈值时，应通过一个明显的信号（例如，声或光信号）装置提醒驾驶员，并且制造商规定的阈值不小于国标要求。

➢ 绝缘失效的危害

电动汽车高压系统如果绝缘失效，根据程度不同会造成不同的后果。

◆ 单点绝缘失效，暂时对系统不会产生明显影响。

◆ 多点绝缘失效，漏电流会在两点之间流转，在附近材料上积聚热量，遇到适当情形，可能引发火灾。

◆ 最严重的情形，可能发生人员触电事故。

高压系统绝缘失效的常见原因，除设计和制造问题外，一般包括热老化、光老化、低温环境下的材料脆裂、固定不当引起的摩擦损伤等。

➢ 绝缘电阻监测工作原理

绝缘电阻监测主要包括以下几种方法：

◆ 电流传感法

◆ 对称电压测量法

◆ 桥式电阻法

◆ 低频信号注入法

在监测时，低频信号注入法不受高压直流电源影响，设备运行或停止时都能监测。因此，其应用最为广泛。下面以低频信号注入法为例，对绝缘电阻监测的工作原理进行讲解。

如图 2-6 所示，R+ 与 R- 分别是电动汽车的正极绝缘电阻与负极绝缘电阻。绝缘监测装置的主体电路包括电容 C、采样电阻 R_m 和黄色框图代表的信号发生器。

由模拟电子电路知识可知：如果在电路中施加交流电源，则电路中内阻很小的直流电源可视为短路；内阻很大的直流电源可视为开路。通常来讲，动力电池的内阻为毫欧（mΩ）级别，当电压上升后，动力电池的内阻依然很小，依据此原则，当信号发生器发出交流信号后，动力电池可视为短路。

由于动力电池可视为短路，则正极绝缘电阻 R+ 与负极绝缘电阻 R- 形成一个总的并联电阻，而这个并联电阻小于任何一个绝缘电阻，如果能在电路中保证并联电阻值符合国家绝缘电阻标准，那么就能确保电动汽车使用者的人身安全。

在监测过程中，信号发生器发出低频方波信号后，可以把这个过程分为两个阶段：

◇ 第一阶段，信号发生器发出 5 V 信号，电容 C 为充电过程。
◇ 第二阶段，信号发生器发出 0 V 信号，电容 C 为放电过程。

由于采样电阻 Rm 与并联电阻属于串联关系，在电容 C 充电过程内，采样电阻 R_m 与并联电阻形成分压。其中，采样电阻 R_m 分得的电压为 U_1，并联电阻分得的电压为 U_2，且 $U_1+U_2=5$ V。

采样电阻 R_m 分得的电压 U_1 被内置微处理器采集，通过运算得出直流高压系统的绝缘电阻大小，即可以检测出整个高压系统的绝缘故障。

在大多数电动汽车上，绝缘监测装置与动力电池管理系统（BMS）集成在一起。

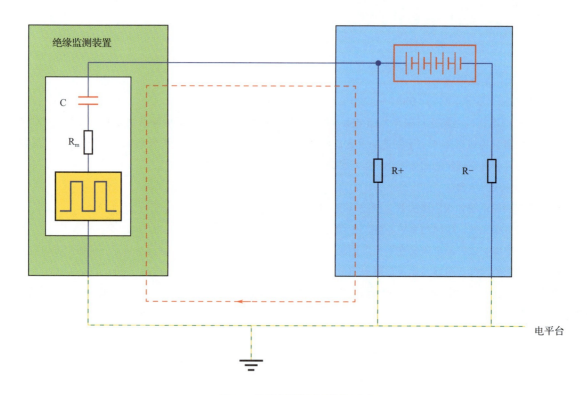

图2-6　绝缘电阻监测工作原理图

6. 等电位连接

> 什么是等电位连接

◆ 等电位连接是将高压部件的外露可导电部分（如金属外壳）连接到电平台（车身），形成一个等电位点。每个高压部件都是等电位连接系统的组成部分。

◆ 等电位连接主要有以下几种连接方式：
  ◇ 焊接
  ◇ 压接
  ◇ 螺栓连接
  ◇ 线缆连接

◆ 如果等电位连接通过压接或者螺栓连接方式来实现，则接触面不应进行喷漆或者绝缘处理。

◆ 如果等电位连接通过线缆连接，则线缆应为黑色，截面一般不应低于 8 mm^2 且尽可能短（LV 123 标准要求 <1 m）。

> 为什么需要等电位连接

◆ 当高压部件的基本绝缘失效后，人体触碰外露可导电部分时，如果电位均衡足够小，电位差就可以忽略不计，人体就不会触电。

◆ 如图 2-7 所示，两个连接到动力电池的高压部件。其中一个高压部件的基本绝缘失效，其正极短接至金属外壳上，即使带电导体接触到金属外壳，该电路仍然处于断路状态，电流无法通过人体，因此能够避免发生电击的风险。

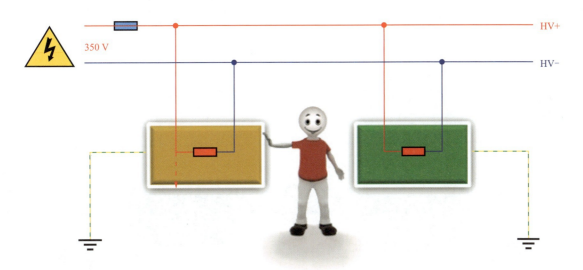

图2-7 两个高压部件的基本绝缘失效 + 有等电位连接 = 安全

◆ 如果发生短路故障，则系统架构将会发生变化，而系统仍然保持完好且可运行的状态，但电路的安全系数将会降低。为解决这个问题，电动汽车使用了一个绝缘监测装置，用于在出现这种情况后提醒用户。此时，用户需要寻求技术帮助来检查系统，必要时进行检修。

◆ 如图 2-8 所示，当一个高压部件的正极对金属外壳发生短路故障，而另一个高压部件的负极对金属外壳发生短路故障时，即使人员同时接触到两个高压部件的金属外壳，由于人体被等电位连接线短路，故不会有危险电流通过，从而避免电击。电流将会通过等电位连接系统流过电平台并造成短路，从而导致高压系统中的熔断器熔断。

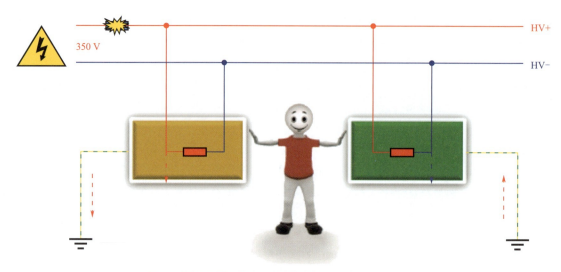

图2-8　两个高压部件的基本绝缘失效 + 有等电位连接 = 安全

◆　如图 2-9 所示，当等电位连接失效后，与两个高压部件金属外壳接触的人员将会遭受电击。因为接触人员提供了从正极至负极的导电路径，电流将会持续通过接触人员的身体，直至接触中断。此种情况，熔断器发生熔断的可能性极小，以 350 V 电压为例，假设人体的最小电阻为 1 kΩ，则通过人体的电流将会达到约 350 mA，这足以造成心室纤维颤动及与电击有关的其他危险。

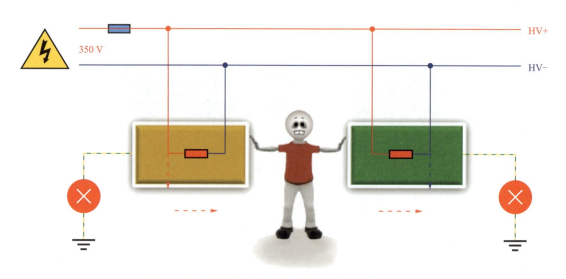

图2-9　两个高压部件的基本绝缘失效 + 无等电位连接 = 电击

7. 电位均衡

> 什么是电位均衡

电位均衡是指各个高压部件的外露可导电部分（如金属外壳）之间电位差最小化。

《电动汽车安全要求》（GB 18384—2020）规定，用于防护与B级电压电路直接接触的外露可导电部分（例如，可导电外壳和遮栏），应连接到电平台（车身），以保持电位均衡，并且满足以下要求：

◆ 外露可导电部分与电平台间的连接电阻应不大于0.1Ω。

◆ 在电位均衡通路中，任意两个可以被人同时触碰到的外露可导电部分，即距离不大于2.5 m的两个可导电部分间的电阻应不大于0.2Ω。

采用焊接连接方式，即视作满足上述要求。

在LV 123标准中，对电位均衡的要求则很严格：在动力电池的整个生命周期，动力电池壳体上等电位连接的任意两点间的电阻应小于10 mΩ。

> 电位均衡测试

◆ 目的

测试具有金属外壳的高压部件与电平台是否可靠连接，以及连接电阻是否满足安全要求。

◆ 测试前检查

◇ 采用焊接连接的高压部件，不需要检查。

◇ 采用螺栓连接的高压部件，检查螺栓的拧紧力矩是否正常。

◇ 采用线缆连接的高压部件，检查线缆与电平台接触面是否有杂质、线缆固定螺栓的拧紧力矩是否正常。

◆ 测试仪器

采用等电位测试仪直接测量，其电阻分辨率高于0.01Ω。为提高测试准确性，电平台测试点应可靠且尽可能接近被测高压部件，最远不超过1.5 m。

◆ 测试方法

◇ 等电位连接测试：如图2-10所示，将等电位测试仪的红色探针连接到高压部件的金属外壳上，将黑色探针连接到电平台上。

◇ 电位均衡测试：如图2-11所示，将等电位测试仪的红色探针连接到高压部件A的金属外壳上，将黑色探针连接到高压部件B的金属外壳上。

目前，大多数主机厂设计的电动汽车高压部件与电平台间的等电位连接阻值小于40 mΩ，高压部件间的电位均衡阻值在5 mΩ以下。

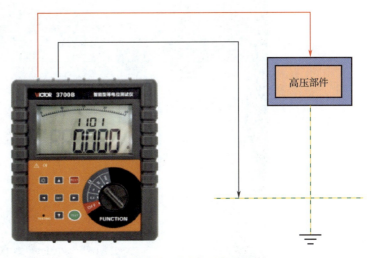

图2-10　等电位连接测试

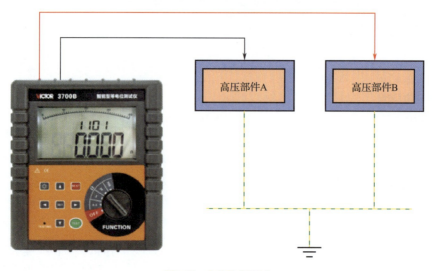

图2-11 电位均衡测试

> 你知道吗？

➤ 电动汽车高压系统采用绝缘等级极高的绝缘电缆连接，并且与车身完全绝缘。那么，万一有绝缘失效的情况会怎样呢？请放心，电动汽车有绝缘监测功能，可以通过监测计算机对绝缘情况实时监测，一旦发现绝缘失效，立即断开高压电。

➤ 采用绝缘等级极高的绝缘电缆和计算机实时监控，人身安全就可以得到保障了吗？如果监测计算机出现故障，不能及时断开高压电怎么办？这时，还有一个物理性的安全保障——等电位线（如图2-12所示）。

➤ 维修时，不要忽略等电位线，一定要按标准转矩牢固安装。它不是一条普通的接地线，而是维修人员的"生命安全保障线"。

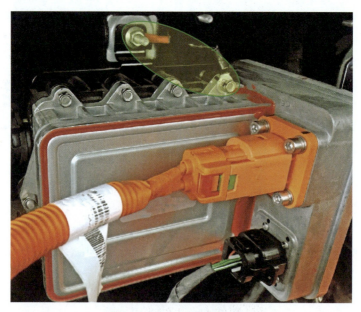

图2-12 绿色框内为等电位线

8. 主动放电

> 国标定义及要求

《电动汽车用驱动电机系统 第1部分：技术条件》（GB/T 18488.1—2015）对主动放电的定义及放电时间要求如下：

- ◆ 主动放电：当电机控制器被切断电源，切入专门的放电回路后，控制器支撑电容快速放电的过程。
- ◆ 放电时间要求：当对电机控制器有主动放电要求时，电机控制器支撑电容放电时间应不超过3 s。

> 为什么进行主动放电、被动放电

电动汽车的电机控制器内部含有稳压作用的支撑电容（也称为X电容或母线电容），在每次高压下电后，动力电池管理系统控制主正极接触器与主负极接触器断开，动力电池的电能无法向外输出。但电机控制器内部的支撑电容仍带有高电压，人员触碰电机控制器时存在高压触电安全隐患。所以，需要将支撑电容内的高电压在3 s（主动放电）或5 min（被动放电）内降低到A级电压以下，以确保人员在车辆下电后触碰到电机控制器时无高压触电安全隐患。主动放电、被动放电原理如图2-13所示。

> 哪些部件需要进行主动放电、被动放电

电动汽车上具有大于0.2 J能量支撑电容的高压部件，这些部件放完残余电压后，意味着整个高电压电路已经放电。这些部件包括：

- ◆ 电机控制器
- ◆ 空调压缩机
- ◆ 直流转换器
- ◆ 车载充电机

> 主动放电方法

目前，各大主机厂常用的主动放电方法有以下几种：

- ◆ 借助驱动电机绕组放电。该方法放电速度快，且主动放电不会产生任何转矩。
- ◆ 利用主动放电电阻放电。需要另外增加主动放电电阻电路，使成本增加，但风险小。
- ◆ 桥臂直通放电。该方法成本低，放电速度快，但瞬间电流很大，由于高压回路上存在杂散电感，导致IGBT（绝缘栅双极晶体管）关断时的电压应力较大，控制难度比较大。目前，该方法应用较少。

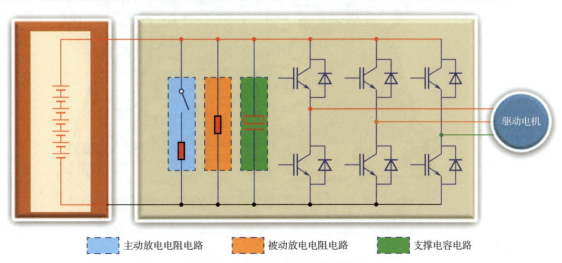

图2-13　主动放电、被动放电原理图

➢ 在哪些情况下进行主动放电

电动汽车主动放电在以下情况时出现：

◆ 碰撞。当车辆发生碰撞等交通事故时，有可能造成高压部件与电平台之间的绝缘电阻失效。为避免发生触电事故，动力电池管理系统会立即切断高压电并通过主动放电回路泄放支撑电容端电压。

◆ 互锁线路开路。互锁线路开路导致主动放电不会在车辆行驶时出现。这种情况反而会在车辆静止且挡位处于 P 挡的情况下出现。

9. 被动放电

➢ 国标定义及要求

《电动汽车用驱动电机系统 第 1 部分：技术条件》（GB/T 18488.1—2015）对被动放电的定义及放电时间的要求如下：

◆ 被动放电：当电机控制器被切断电源后，不切入专门的放电回路，控制器支撑电容自然放电的过程。

◆ 放电时间要求：当对电机控制器有被动放电要求时，电机控制器支撑电容放电时间应不超过 5 min。

➢ 在哪些情况下进行被动放电

在含有主动放电电阻电路的同时，有些高压部件中还设置了被动放电电阻电路，电动汽车被动放电在以下情况时出现：

◆ 每次关闭点火开关后，会被动放电。

◆ 主动放电电阻电路有故障时，会被动放电。

被动放电也是一项国标要求，通过被动放电电阻与支撑电容并联连接实现。图 2-14 所示为电机控制器内的被动放电电阻和支撑电容。

作为二重保护，即使把高压部件拆卸下来，也可以把残余电压消除。为把残余电压完全消除，在断开手动维修开关或低压维修开关后，需要等待 5 min 后验电，电压在 60 V 以下才可以进行高压部件的检修工作。

图2-14　电机控制器内的被动放电电阻和支撑电容

10. 高压互锁

> 为什么要有高压互锁

在检修电动汽车高压系统时，首先需要进行高压断电，从根源上将高压电切断，确保维修人员操作安全。但是，如果有人没有遵守操作流程，或者在不了解车辆结构的情况下误触了连接器高压功率端子，会不会有危险呢？为确保万无一失，在高压部件的高压连接器、低压连接器上均设置高压互锁回路，以避免危险的发生。

> 什么是高压互锁

高压互锁（high voltage inter-lock，简称HVIL）是用低压信号检测电动汽车高压线路、连接器及护盖电气完整性的一种安全设计方法。目前，大多数厂家把高压互锁设计放在高压连接器内部，即在高压连接器上，额外多一组低压互锁线路，用于检测高压互锁回路的完整性。图2-15所示为高压互锁线路原理图。

> 高压互锁作用

◆ 检测高压连接器松脱（导致高压下电，整车失去动力，影响乘车安全）并在高压断电之前给整车控制器（VCU）提供报警信息，预留整车系统采取应对措施的时间。

◆ 在车辆高压上电之前，若检测到高压线路不完整，则系统无法进行高压上电，避免因为虚接等问题造成事故。

◆ 防止人为误操作引发安全事故。在高压系统工作过程中，如果没有高压互锁设计的存在，则手动断开高压连接器时，在断开的瞬间，整个高压回路电压将会全部加在断点两端，电压击穿空气并在两个器件之间拉弧，时间虽短，但能量很高，可能对断点周围的人员和设备造成伤害。

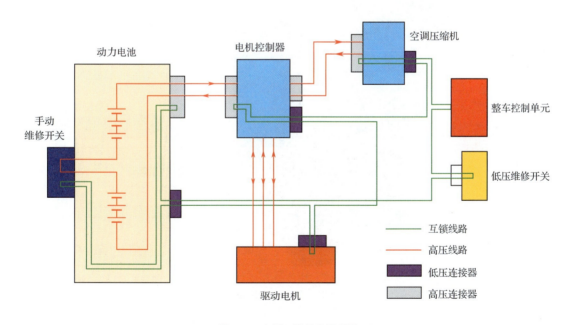

图2-15　高压互锁线路原理图

> 高压互锁结构特点

◆ 带有高压互锁的连接器，在带电情况下断开时，可通过高压互锁的逻辑时序来断开高压电，断开的时间与互锁端子和功率端子的有效接触长度的差值大小有关，同时与断开时的速度有关。

◆ 在通常情况下，系统对互锁端子（回形针）回路的响应时间为 10～100 ms，当连接器断开时间小于系统响应时间时，就会出现带电插拔的安全风险，而高压连接器二级解锁就是为解决断开的时间问题。在通常情况下，二级解锁能有效地把断开时间控制在 1 s 以上，以确保操作安全。

◆ 如图 2-16 所示，高压互锁结构是在高压连接器对插的一对公头和母头上，分别固定一对互锁端子和一对功率端子。互锁端子是低压电路，相对于功率端子的高压电路，是独立的。为避免由于高压连接器在实际操作过程中带电断开、连接所造成的拉弧，连接或断开高压连接器时，功率端子和互锁端子应满足以下条件：

  ◇ 连接高压连接器时，功率端子先接通，互锁端子后接通。
  ◇ 断开高压连接器时，互锁端子先断开，功率端子后断开。

图 2-17 为高压连接器插头。

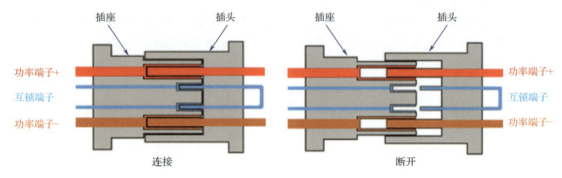

图2-16　高压连接器示意图

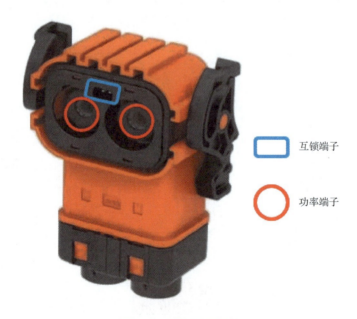

图2-17　高压连接器插头

11. 维修开关

> 在电动汽车上的维修开关有两种类型：

◆ 低压维修开关一般串联安装在机舱内的互锁回路上，开关内带有互锁端子。当进行高压系统维修时，断开开关后，其内部的互锁端子也断开，整车高压系统下电，保护维修人员安全。

◆ 手动维修开关简称"MSD"，如图 2-18 所示。手动维修开关一般安装在动力电池顶部或侧面，其内部带有熔断器、互锁端子及高压功率端子。当取下手动维修开关时，可以快速断开高压电路的连接，保护维修人员安全或应对突发事件；当高压系统出现短路时，内置熔断器熔断，保证高压系统安全。

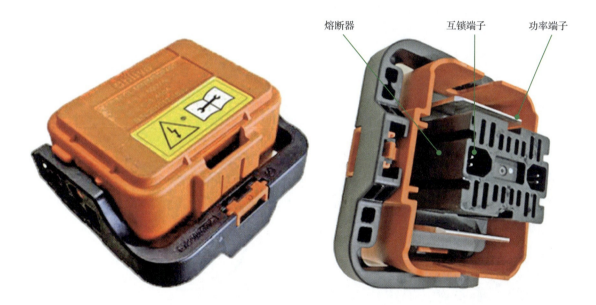

图 2-18　手动维修开关

> 手动断开高压电的方式有两种：

◆ 操作启动按钮，使挡位切换至"OFF"位置。

◆ 操作维修开关。最常用的断电方式是操作启动按钮，只有在高压系统维修、存在漏电危险等特殊情况时才使用维修开关。

> 维修开关有两种类型，但电动汽车一般只采用一种类型的开关。

◆ 如在动力电池上设置手动维修开关，则在互锁回路上不会设置低压维修开关。

◆ 如在互锁回路上设置低压维修开关，则在动力电池上不会设置手动维修开关。

12. 高压线束设计

➢ 高压线束用于连接高压系统中的各个高压部件。与低压线束不同，这些线束均带有高压电，对整车高压系统的稳定运行影响很大。

➢ 高压部件之间通过高压电缆传递电能，而这些电缆对人员必然存在高压危险。所以，高压电缆被用颜色鲜明的橙色波纹管或护套保护起来，不仅能起到良好的绝缘作用，还能警示用户和维修人员。

➢ 高压电缆分为以下两种类型：
- 单芯电缆
- 多芯电缆

其中，单芯电缆分为带屏蔽层高压电缆和不带屏蔽层高压电缆。多芯电缆由多根单芯线组成，单芯线同时满足对单芯电缆中相关导体的结构尺寸要求。

图 2-19 所示为单芯不带屏蔽层高压电缆结构。

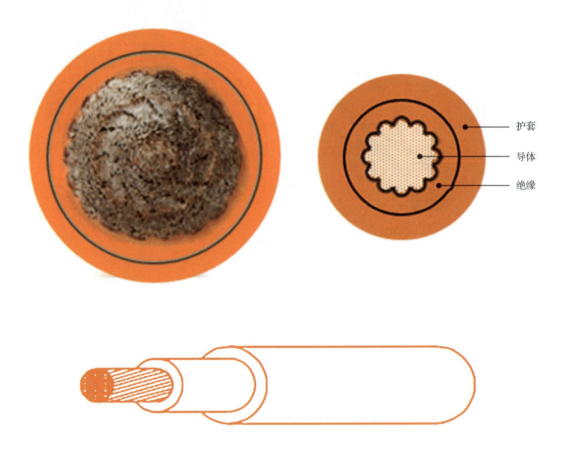

图2-19　单芯不带屏蔽层高压电缆结构

图 2-20 所示为单芯带屏蔽层高压电缆结构。

图2-20　单芯带屏蔽层高压电缆结构

图 2-21 所示为多芯高压电缆。

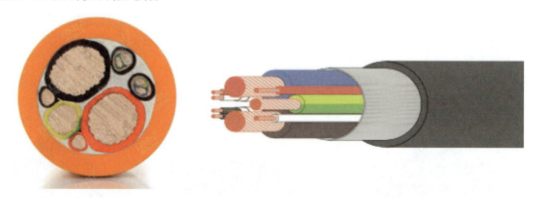

图2-21　多芯高压电缆

图 2-22 所示为单芯高压电缆。

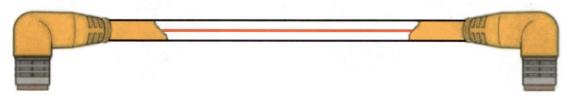

图2-22　单芯高压电缆

图 2-23 所示为带互锁线的双芯高压电缆。

图2-23 带互锁线的双芯高压电缆

13. 屏蔽设计

➢ 高压电缆不像同轴电缆那样传输数据，因此不需要屏蔽。
➢ 但是，为防止或减少系统中开关电源产生的高频辐射通过电缆诱导到周边部件，所以，有的高压电缆带有屏蔽层。

14. 高压连接器设计

纯电动、混合动力、燃料电池汽车都需有一套完整的高压连接系统。在此系统中，应用了大量的高压连接器，如图 2-24 所示。在电动汽车发展初期，高压连接器并没有得到整车企业的足够重视，企业一般认为高压连接与传统低压连接类似，重点在"三电"（电驱、电池、电控）上面。随着时间的推移，企业发现高压连接系统容易发生问题，且一旦发生问题，后果都比较严重，轻则过热，重则发生高温或燃烧事件。

➢ 国内电动汽车高压连接器的发展
◆ 第 1 代高压连接器：在 2008 年前后出现，主要是由当时的工业连接器改进而来。其特点是以金属壳体为主，无高压互锁功能，防误插效果较差。

图2-24 高压连接器

◆ 第 2 代高压连接器：在第 1 代的基础上增加高压互锁功能，连接器的外壳逐渐由金属变为塑料。

◆ 第 3 代高压连接器：塑料 + 屏蔽功能 + 高压互锁 + 二级解锁。这类产品是通过操作顺序来实现部分二级解锁功能，不是直接的机械式结构。

◆ 第 4 代高压连接器：塑料 + 屏蔽功能 + 高压互锁 + 二级解锁。这类产品是通过机械结构来实现二级解锁功能，更为安全。

◆ 未来的高压连接器：在第 4 代产品基础上改进冷却方式（如配合大功率充电，带液冷、风冷方式），有效提高传输能量密度，降低重量，提高产品综合性能。

➢ 电动汽车高压连接器结构

如图 2-25 所示，高压连接器一般包括以下部分：

◆ 功率端子
◆ 互锁端子
◆ 密封件
◆ 绝缘件

通过插头护套和插座护套间的对插、相互配合，即可实现接通和导电的功能。

图2-25　高压连接器结构

你知道吗？

➢ 二级解锁分为两种方式：

◆ 第一种是通过操作顺序来实现的，与正常拔出的方向相反或不同，如 HVA800、HVC800 系列高压连接器。连接器被拔出时，助力扳手与分离方向正好相反或不在一个方向上，以增加拔出时的响应时间，实现二级解锁功能。

◆ 第二种为机械式二级解锁。当拔出连接器时，第一次只能拔到高压互锁端子断开的位置。在这个状态下，功率端子仍然有效接触，此时高压回路因高压互锁端子分离而断开。然后，经过二次操作把功率端子分离，从而实现二级解锁功能要求。机械式二级解锁与操作顺序二级解锁相比，具有更高的安全性，但连接器结构更复杂。图 2-26 为机械式二级解锁过程。

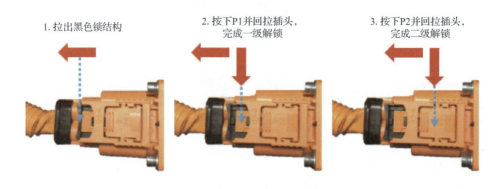

图2-26 机械式二级解锁过程

15. 碰撞高压断电保护

当车辆发生碰撞等交通事故时,可能造成高压部件与车身之间发生绝缘失效或断路等情况,为避免发生触电安全事故,安全气囊(SRS)与动力电池管理系统联合实现碰撞高压断电保护,如图 2-27 所示。

> 车身上安装有碰撞传感器,事故发生时,传感器立即通过硬线将碰撞信息传递给安全气囊。
> 安全气囊判断碰撞是否真实发生,如果发生,立即发送硬线信号给动力电池管理系统。
> 动力电池管理系统在 30 ms 内切断主正极接触器和主负极接触器,并通过主动放电回路泄放支撑电容端的电压。此时,除了动力电池内部,其余部位均没有高压电。
> 安全气囊也通过 CAN(控制器局域网)发送碰撞报文给动力电池管理系统,即使硬线信号出现问题,动力电池管理系统也能接收到碰撞信息,由此提高了系统安全性。

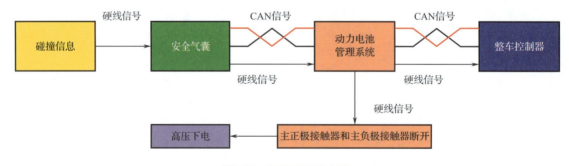

图2-27 碰撞高压断电保护

16. 车身安全设计

> 对于车身安全,人们主要关注的是车身用料,但车身结构设计也很重要,人们很少看到车身结构。一

般撞击过程很激烈，不像安全带、安全气囊、头枕等能给人们直接的安全保护体验，因此，它们的安全贡献容易被忽视。

➢ 在电动汽车车身设计理念中，最佳的做法是摆脱传统的承载式结构，采用框架式地板 + 承载式车身结构。例如，特斯拉、蔚来 ES8 等都是如此。这种类似半承载式车身结构的车身，可以保护位于地板的动力电池。

➢ 在车身材质方面，中国版特斯拉 Model 3 车身架构采用钢铝混合金属材质，可以保证各部位的支撑强度。

17. 远程监控

➢ 电动汽车除上述的安全设计外，T-BOX 模块可以将本车的特殊故障码和重要数据（如动力电池和驱动电机的电压、电流、温度等），通过通信网络发送至主机厂和政府平台，有以下两个目的：

◆ 时刻监测车辆安全状态。
◆ 必要时发出不同等级的安全警告。

第三章 整车控制系统

1. 什么是三电系统

以前,在买燃油汽车的时候,大家谈论最多的话题就是汽车的"三大件"必须可靠、耐用。这里所说的三大件就是我们熟知的发动机、变速器和底盘三部分。

电动汽车区别于燃油汽车最核心的技术就是"三电系统",即电池、电驱和电控,如图3-1所示。

> 电池

这里的电池并不是为车辆照明等提供电能的电池,而是负责提供动力来源的高压动力电池。电动汽车动力电池的性能直接决定了续航里程。作为"三电系统"中最贵的核心部件,动力电池常用的类型有磷酸铁锂电池和三元锂电池两种。

> 电驱

电驱由三部分构成:传动机构、电机和电机控制器。

目前,国内外电动汽车的传动机构都是单级减速,即没有离合器,没有变速器。电动汽车主流的电机类型主要有两种——交流异步电机和永磁同步电机,而一辆电动汽车可以搭载一个或两个电机。电机控制器则大多数采用矢量控制或者PWM(脉冲宽度调制)控制方式,即控制PWM的占空比来控制电机的输入电流,从而控制电机的输出功率。

> 电控

虽然电池和电驱不可或缺,但电控是"三电系统"的灵魂,起到了中枢神经的作用。电控主要是指整车控制器,其主要作用是采集加速踏板、制动踏板等各种信号,并根据相应的信息发出相应的控制指令。

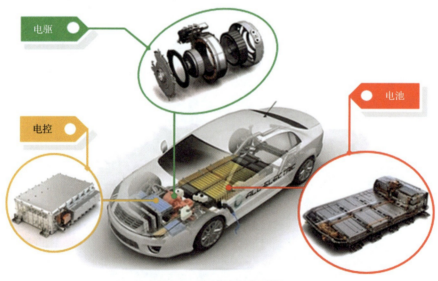

图3-1 电动汽车三电系统

2. 整车控制器功能

> 整车控制器是整个汽车的核心控制部件,相当于汽车的"大脑"。它采集加速踏板信号、制动踏板信号及其他部件信号并做出相应判断后,控制下层的各部件控制器的动作,驱动汽车正常行驶。

> 整车控制器作为汽车的指挥管理中心,它起着控制车辆运行的作用。因此,整车控制器的优劣直接决定了车辆的稳定性和安全性。整车控制器的主要功能包括:

- 驱动力矩控制。
- 制动能量优化控制。
- 整车能量管理。
- 故障诊断及处理。
- 车辆状态监视。
- 高压互锁监测。

3. 高压互锁控制策略

高压互锁系统在识别到危险情况时,整车控制器应根据危险时的行车状况及故障危险程度采取合理的控制策略。

> 故障报警

无论在何种状况,高压互锁系统在识别到危险情况时,车辆都应该对危险情况做出报警提示,需要仪表以声、光或文字形式提醒驾驶员,让驾驶员注意车辆的异常情况,以便及时处理,避免发生安全事故。

> 切断高压电

电动汽车在停止状态时,高压互锁系统在识别到严重危险情况时,除了进行故障报警,还应通知动力电池管理系统断开主正极接触器和主负极接触器,使高压电被彻底断开,避免可能发生的高压危险,确保人身及财产安全。

> 降功率运行

电动汽车在高速行驶过程中,高压互锁系统在识别到危险情况时,不能马上切断高压电,应首先通过报警提示驾驶员有危险,然后让控制系统降低驱动电机的运行功率,使车辆速度降下来,以使整车高压系统在负荷较小的情况下运行,尽量降低发生高压危险的可能性,同时允许驾驶员将车辆停到安全地方,等待救援。

4. 高压互锁监测方法

> 目前,电动汽车往往具有多个高压部件,在车辆行驶过程中,为确保人身与设备安全,整车控制器需要对高压互锁电路进行监测,判断高压互锁电路的连接是否正常。

➢ 在对高压互锁电路的工作状态进行监测时，常用的方法有以下两种：

◆ 模拟电压监测法

该方法是向高压互锁电路的一端输入模拟电压信号，在高压互锁电路的另一端进行电压信号幅度监测；模拟电压可以是 5 V 信号，也可以是 12 V 信号。这种监测方法简单，但不能监测出具体哪个高压部件出现故障。

◆ PWM 监测法

该方法是向高压互锁电路的一端输入 PWM 信号，在高压互锁电路的另一端监测输出的 PWM 信号与输入的是否一致。这种监测方法也不能详细监测出具体哪个高压部件出现故障。

> 你知道吗？

➢ 高压互锁电路的监测模块，可以是整车控制器，也可以是动力电池管理系统。

5. 高压互锁信号回路类型

➢ 整车所有高压连接器连接位置都需高压互锁信号回路，但互锁回路与高压回路不具有必然的联系。整车上高压电，高压部件 A 和高压部件 B 构成一个完整的回路。高压互锁设计，可能给高压部件 A 设置一个单独的互锁信号回路，同时给高压部件 B 单独设置一个互锁信号回路；也可能把高压部件 A 和高压部件 B 的互锁信号串联在一个回路中。这就是说，互锁信号回路可设计成并联模式（如图 3-2 所示），也可设计成串联模式（如图 3-3、图 3-4 所示）。

➢ 在下图的互锁信号回路中，开关代表连接器，如连接器插接牢靠，则开关闭合。图中的高压部件的连接顺序并无实际意义，检修时请以各自品牌的实际车型为准。

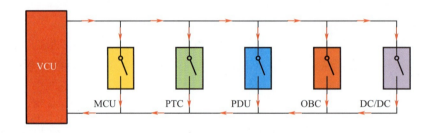

图3-2　高压互锁信号回路并联模式

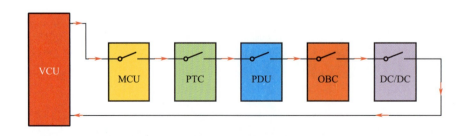

图3-3　高压互锁信号回路串联模式1

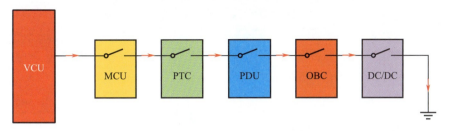

图3-4 高压互锁信号回路串联模式2

6. 如何检修高压互锁故障

下面以高压互锁信号回路串联模式1（如图3-3所示），监测模块VCU（整车控制器）输出5V模拟电压检测互锁回路是否正常为例进行讲解。高压部件的串联顺序只用于讲解，实际情况以各品牌车型为准。

判断车辆是否存在高压互锁故障，需满足两个条件：

➢ 在组合仪表中，高压系统故障指示灯亮起、文字提醒，如图3-5所示。

➢ 从诊断仪可读取到高压互锁故障码。

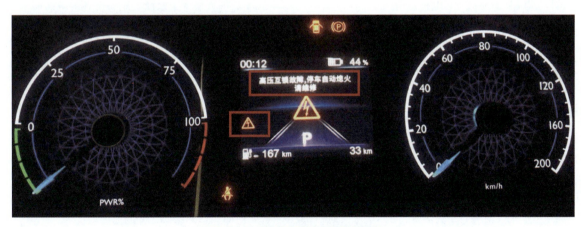

图3-5 组合仪表内高压互锁提示信息

当同时满足这两个条件时，即可判定为高压互锁故障。其现象为高压系统无法上高压电。

检查高压互锁系统故障时，可采用以下两种方法：

➢ 电阻检查

首先，关闭点火开关，断开12V蓄电池负极。如图3-6所示，断开VCU连接器，用万用表测量VCU 3号针脚与5号针脚之间的电阻值。若电阻值大于3Ω以上，则需要检查整个高压互锁回路通断。

◆ 检查高压连接器是否存在插接不牢的现象。

◆ 检查高压连接器互锁回形针是否存在退针、弯曲、断裂的现象。

◆ 检查低压连接器是否存在插接不牢的现象。

若回路确认有以上故障，则可直接解决。若回路检查没有发现以上故障，则可定位为线束通断或高压部件内部问题，需继续排查。

若电阻值小于 3Ω，说明回路导通，则需要检查整个高压回路是否存在短路的情况。

- ◆ 检查 VCU 3 号针脚对地是否短路。
- ◆ 检查 VCU 3 号针脚对电源是否短路。
- ◆ 检查 VCU 5 号针脚对电源是否短路。

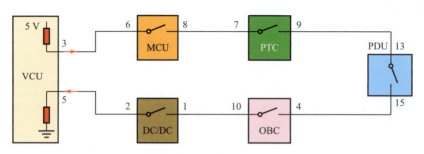

图3-6　高压互锁故障检修示意图

➤ 电压检查

如图 3-6 所示，VCU 3 号针脚输出 5 V 电压信号，经各个高压部件的高压、低压连接器后，返回 VCU 5 号针脚。由于在 VCU 内部存在阻值相等的上拉电阻和下拉电阻，如互锁回路无故障，在任何一个针脚处均可测量到 2.5 V 电压。如出现断路故障，在相关针脚处可测量到 5 V 或 0 V 电压。

◆ 逐步检查法

从 VCU 3 号针脚开始，按顺序逐步测量各个高压部件低压连接器针脚电压：

如在某个针脚处测量到 5 V 电压，而在下一个针脚处测量到 0 V 电压，则故障出现在两个针脚之间的部位。

你知道吗？

➤ 大多数汽车品牌，在高压互锁回路中没有电阻，但有的汽车品牌的高压部件中存在几十欧姆甚至上千欧姆的电阻。

➤ 在进行电阻检查前，应清楚互锁回路中是否存在电阻（可通过测量无故障车辆获知）。

◆ 跨越检查法

采用上述逐步检查法，故障检修效率低。为提高检修效率，可采用跨越检查法，即先测量便于接触到的高压部件，如机舱内的 PDU（高压配电盒）。

- ◆ 在 PDU13 号针脚处测量到 5 V 电压，则 PDU13 号针脚到 VCU 3 号针脚之间的连接均正常。
- ◆ 在 PDU13 号针脚处测量到 0 V 电压，则 PDU13 号针脚到 VCU 3 号针脚之间的连接有问题，需继续向前排查。如在 PTC7 号针脚处测量到 0 V 电压，在 MCU（电机控制器）8 号针脚处测量到 5 V 电压，则 PTC7 号针脚与 MCU8 号针脚之间的连接出现断路故障。

第四章
动力电池系统

1. 动力电池类型

作为"三电系统"中最贵的核心部件,动力电池是电动汽车的动力来源,一直以来被视为电动汽车发展的重要标志性技术,占到了整车成本的 30% 左右,其性能的好坏直接关系到车辆续航里程的长短。

电池从广义上讲主要分为以下三大类型:
- ➢ 化学电池
- ➢ 物理电池
- ➢ 生物电池

在电动汽车中,应用最广泛的是化学电池。化学电池是指将化学能转变为电能的装置。从结构上来看,化学电池又可分为动力电池和燃料电池两大类型。

目前,市场上的电动汽车大多数采用动力电池对车辆进行驱动,而动力电池又分为铅酸电池、镍氢电池、锂电池三种类型,图 4-1 所示为三种电池的区别。

镍氢电池
优点:安全、可靠
缺点:能量密度低
应用:混合动力汽车为主

锂电池
优点:能量密度高
缺点:成本高
应用:主流电动汽车

铅酸电池
优点:便宜、可靠
缺点:能量密度低
应用:早期电动车型

图4-1 三种电池的区别

2. 锂电池有哪些类型

目前，以正极材料为划分依据，电动汽车上使用较多的锂电池主要有以下几种类型：
- 钴酸锂
- 锰酸锂
- 三元锂
- 磷酸铁锂

表 4-1 列出了四类锂电池的主要性能指标差别，从表中可以看出，四类锂电池各有优劣。

钴酸锂电池热稳定性差，并不适合做动力电池。由于数码电子产品对锂电池安全性要求不高，钴酸锂电池最合适 3C（计算机、通信、消费电子产品）领域。

锰酸锂电池在动力电池中市场占有率最大，虽然其能量密度不如钴酸锂电池和三元锂电池，但综合性能相当出色。

表4-1 锂电池的不同类型及性能

参　　数	锂电池类型			
	钴酸锂	锰酸锂	三元锂	磷酸铁锂
能量密度/（Wh/kg）	150~160	100~110	150~200	100~110
热稳定性（℃）	180	180~250	250~350	500~600
布置灵活性	中等	中等	高	一般
安全性	低	中等	中等	高
循环寿命	低	中等	中等	高
成本	中	最低	低	低
供应商	松下	松下、AESC	LG、松下、三星	比亚迪、宁德时代
代表车型	特斯拉Roadster	启辰晨风	红旗E-HS9	比亚迪e6

3. 什么是磷酸铁锂电池

- 磷酸铁锂电池是一种使用磷酸铁锂（$LiFePO_4$）作为正极材料，使用碳作为负极材料的锂离子电池，单体额定电压为 3.2 V，充电截止电压为 3.60 ~ 3.65 V。
- 目前，采用磷酸铁锂电池的企业较少，其中比较典型的是比亚迪和戴姆勒集团共同成立的电动汽车企业——腾势。这种电池的热稳定性是目前车用锂电池中最好的，只有处于 500 ~ 600℃ 的高温时，其内部化学成分才开始分解。电动汽车上安装的磷酸铁锂电池的数量较少，如腾势采用 144 节磷酸铁锂电池，比起三元锂电池来，电池的数量少了很多，电池管理系统的负担小一些。磷酸铁锂电池的能量密度为 100 ~ 110 Wh/kg，相比三元锂电池，它的电池能量密度差一些，导致在使用同样重量的电池下，续航里程比三元锂电池差了不少。所以，市场上采用磷酸铁锂电池的车企较少。

4. 什么是三元锂电池

与磷酸铁锂电池相比，目前，大多数车企使用三元锂电池（如图 4-2 所示），主要是因为三元锂电池的能量密度较高，可达 200 Wh/kg，也就是说在同样重量的情况下，采用三元锂电池的车型续航里程比采用磷酸铁锂电池的车型更长。三元锂电池的缺点就是稳定性较差，当自身温度为 250～350℃时，内部化学成分就开始分解；而且，在同样电池能量的条件下，三元锂电池的单体数量远多于磷酸铁锂电池。

那么，"三元锂"代表什么意思呢？我们拆解开看一下"三元"和"锂"。

➢ 三元指电池的正极材料，有些三元锂电池的正极材料是镍、钴、锰三种金属元素，有些三元锂电池的正极材料是镍、钴、铝三种金属元素。

➢ 锂指电池的电解质是以六氟磷酸锂为主的锂盐。

为什么负极材料的特性在其名字中没有体现呢？主要是因为绝大多数锂离子电池的负极材料是石墨。

为什么镍、钴、锰与镍、钴、铝是电池的"三元"呢？

◆ 镍是副族元素中的活性金属，主要作用是提升电池的能量密度，也是提升续航里程的主要突破口。

◆ 钴也是副族元素中的活性金属，起到提升电池稳定性和延长电池寿命的作用，也决定了电池的充放电速度和效率。

◆ 锰或铝能够提高电池的安全性和稳定性。

在三元锂电池的正极材料中，镍、钴、锰（或铝）三种金属元素缺一不可，多一种或者少一种都会影响其最终的表现。虽然镍、钴、锰（或铝）三者在三元锂电池中缺一不可，但可以根据需求，适当调节它们的混合比例，让锂电池表现出不一样的特性：

◆ 提高镍的比例，电池能量更足。

◆ 提高钴的比例，电池寿命更长、充电更快。

◆ 提高锰或铝的比例，电池更稳定、成本更低。

根据正极材料中镍、钴、锰（或铝）三种金属元素混合比例的不同，有了不同的三元锂电池型号，如 333、523、622、811。电池型号中的第一个数字越大，电动汽车跑得越远，但成本越高，安全性越低；最后一个数字越大，电动汽车跑得越近，也最便宜。

图4-2

三元锂电池

5. 什么是镍氢电池

> 镍氢电池分为高压镍氢电池和低压镍氢电池。镍氢电池正极活性物质为氢氧化镍,负极活性物质为金属氢化物,也称储氢电极,电解液为 6 mol/L 氢氧化钾溶液。

> 采用镍氢电池的车型往往为混合动力汽车,代表车型为丰田凯美瑞。镍氢电池的一大优势就是稳定性比三元锂电池高,其能量密度为 70 ~ 100 Wh/kg,电池单体电压通常为 1.2 V,约为锂电池的 1/3。因此,在需求电压一定的情况下,其电池组的体积比锂电池大很多。

> 镍氢电池在循环充放电过程中容量衰减,过度充电或者放电,都可能加剧电池的容量损耗。因此,对于厂商来说,镍氢电池控制系统在设定上都会主动避免过度充电、放电。

6. 什么是燃料电池

> 燃料电池被认为是未来理想的清洁能源之一,它是一种把燃料具有的化学能直接转换成电能的化学装置,即分别将燃料和空气送进电池内部,通过一系列化学反应,产生电能,供车辆使用。氢气、甲烷或汽油通常被作为电池的燃料。

> 有的汽车"吃"的是汽油,排放的是温室气体。有的汽车"吃"的是氢气,排放的只有水,这种汽车叫作氢燃料电池汽车。氢燃料电池汽车在新能源汽车中的地位必将越来越重要。

> 如图 4-3 所示,氢燃料电池汽车主要由以下几部分组成:

- ◆ 高压储氢罐
- ◆ 燃料电池
- ◆ 动力电池
- ◆ 升压转换器
- ◆ 动力电机
- ◆ 动力控制单元

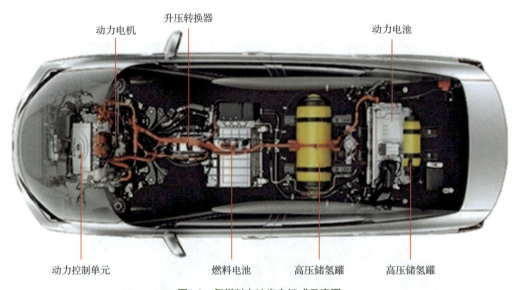

图4-3 氢燃料电池汽车组成示意图

> 氢燃料电池汽车算是电动汽车的一种，但在本质上与一般电动汽车的区别很大。氢燃料电池的优点是可以在几分钟内给高压储氢罐灌满氢气，从而省去长时间充电的麻烦。

> 图 4-4 所示为氢燃料电池原理。氢燃料电池其实是一种发电装置，它的燃料就是氢气。利用燃料电池正极中的催化剂（铂），氢气被分解成电子和质子（氢离子）。其中，质子通过质子交换膜到达负极，并和氧气反应，生成水和热量，而电子则从正极通过外部电路流向负极，产生电能。每个燃料电池单体的输出电压只有 0.6 ~ 0.7 V，因此，需要配合直流升压转换器和动力电池使用，以便驱动动力电机，动力电机则带动汽车中的机械传动机构，进而带动汽车的前桥（或后桥）等行走机械结构工作，从而驱动汽车行驶。

> 储存氢气一般采用的是 70 MPa 高压储氢罐。受动力电池储存能量限制，一般电动汽车充一次电续航里程为 200 ~ 400 km，充电时间动辄几个小时，用户存在"充电焦虑"。而加氢和加油一样，只需要几分钟，汽车加一次氢续航里程可达 500 ~ 700 km。

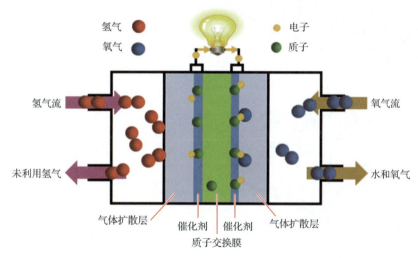

图4-4　氢燃料电池原理

7. 动力电池结构

在纯电动汽车中，动力电池是唯一的动力来源，电池能量的高低决定了电动汽车的续航里程。一个动力电池由多个电池单体串联、并联组成电池模组，多个电池模组再加上信息采集系统、管理系统、高压接触器盒和冷却系统等构成完整的动力电池系统。

> 电池单体即电芯，是组成动力电池的最小单元，也是电能存储单元。因此，其必须要有较高的能量密度，以尽可能地存储电能，使电动汽车有更远的续航里程。除此之外，电芯的使用寿命也是最为关键的因素，任何一个电芯损坏，都会导致整个电池包的损坏。

> 电池模组由数个电池单体串联、并联连接在一起，用同一个外壳封装。

> 信息采集系统：每个电池模组内部都有一个信息采集系统，用来监测每个电池单体或电池模组的电压、电流和温度等信息。

> 管理系统：动力电池管理系统安装在动力电池内部或外部，用来将电池的电压、电流、温度等信息上报给整车控制器，并根据它的指令完成对动力电池的控制。

➢ 高压接触器盒：安装在动力电池总成的正极、负极输出端，由主正极接触器、主负极接触器、预充接触器、预充电阻、快充正极接触器、快充负极接触器、电流传感器、熔断器等组成。

➢ 冷却系统：在电池模组下面安装多个水冷板，为电池模组散热或加热，从而使动力电池在最佳的温度下工作。

图4-5为动力电池分解图。

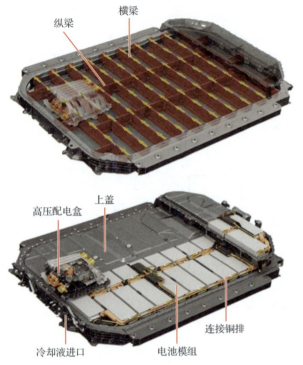

图4-5　动力电池分解图

你知道吗？

➢ 在动力电池的后部或上部设置一个泄压防爆阀（如图4-6所示），采用透气防水的高分子聚合透气膜，确保动力电池内外压差平衡；若内部电池模组温度升高，压力不断增加，泄压防爆阀会快速启动，平衡内外压差，避免动力电池发生爆炸。

➢ 在动力电池上盖和电池模组之间安装绝缘阻燃隔热防护板。如果热失控的情况已经发生，减缓或阻止热蔓延就尤为重要，绝缘阻燃隔热防护板的加入，可以延长从电芯失火到动力电池起火的时间，进一步降低热失控风险。

图4-6　泄压防爆阀

8. 电芯有哪几种类型

目前，主流的锂电池电芯封装形式主要有三种类型：
- 圆柱形
- 方形
- 软包

有人对比较成功的17款电动汽车做了统计，结果发现，8款采用方形电芯，7款采用软包电芯，2款采用圆柱形电芯。电动汽车在选择电芯类型上的分歧，实际上反映了这些类型各有优点和缺点。

圆柱形和方形电芯的外包装多为钢壳或者铝壳。软包电芯外包装为铝塑膜，其实软包也是方形，只是市场上习惯将用铝塑膜包装的称为软包，也有人将软包电池称为聚合物电池。

◆ 圆柱形电芯

圆柱形电芯（如图4-7所示）分为磷酸铁锂、钴酸锂、锰酸锂和三元锂不同体系，外壳分为钢壳和聚合物两种，不同材料体系的电池有不同的特点。圆柱形电芯的优点：生产效率高、一致性好等。缺点：空间利用率低、径向导热差导致温度分布问题等。由于圆柱形电芯的径向导热性能不佳，电芯的卷绕圈数不能太多（18650电芯的卷绕圈数一般在20圈左右）。因此，电池单体容量较小，应用在电动汽车上时需要大量电池单体组成电池模组，连接损耗和管理复杂度都大大增加。

◆ 方形电芯

方形电芯（如图4-8所示）的壳体多为铝或不锈钢等材料，具有空间利用率高、生产效率高的优点。其内部采用卷绕式或叠片式工艺，对电芯的保护作用优于铝塑膜电芯（软包电芯），电芯安全性比圆柱形电芯有了较大的改善。

◆ 软包电芯

软包电芯（如图4-9所示）是在液态锂离子电池上套一层聚合物外壳，与其他电池最大的不同之处在于软包装材料（铝塑膜），这也是软包锂电池中最关键、技术难度最高的材料。软包装材料通常分为三层，即外阻层[一般为双向拉伸尼龙薄膜（BOPA）或聚对苯二甲酸乙二醇酯（PET）构成的外层保护层]、阻透层（中间层铝箔）和内层（多功能高阻隔层）。这种电池安全性能好，在发生安全问题时，软包电芯一般会鼓起裂开，而不像钢壳或铝壳电芯那样发生爆炸。

图4-7 圆柱形电芯

图4-8 方形电芯

图4-9 软包电芯

9. 什么是 18650 电芯

18650 电芯原指镍氢电池和锂离子电池，由于镍氢电池现在比较少用，所以现在多指锂离子电池。18650 是日本索尼公司当年为节省成本而定下的一种标准性的锂离子电池型号，其中 18 表示直径为 18 mm，65 表示长度为 65 mm，0 表示为圆柱形电池。常见的 18650 电芯有三元锂电池和磷酸铁锂电池。

例如，特斯拉 Model S P85b 的动力电池由 16 个电池模组构成，每个电池模组使用 444 个 18650 电芯，采用 74P6S 布置（74 并联、6 串联）。我们可以计算出来 Model S 拥有 7104 个电芯。

特斯拉为何选定 18650 电芯作为其动力之源呢？

- ➢ 18650 电芯一般采用钢壳封装，在汽车发生碰撞等极端情况下，能尽量减少安全事故的发生，安全性更高。
- ➢ 18650 电芯的容量一般为 1200～3600 mAh，而一般电芯容量只有 800 mAh 左右。其能量密度能够达到 250 Wh/kg 的水平，可以满足特斯拉高续航里程的要求。

目前，应用比较广泛的 18650 电芯已有多年的发展历史，比其他类型电池技术成熟，但依然面临产热量大、成组复杂、无法实现快充等问题。在这样的背景下，21700 圆柱形三元锂电芯应运而生。新型 21700 电芯具有以下 4 个显著优势：

- ➢ 电芯容量提升。以特斯拉生产的 21700 电芯为例，电芯容量可以达到 3000～4800 mAh，比 18650 电芯提升约 35%。
- ➢ 电池系统能量密度提升。特斯拉早期使用的 18650 电芯系统能量密度约 250 Wh/kg，后来使用的 21700 电芯系统能量密度在 300 Wh/kg 左右，21700 电芯的能量密度比 18650 电芯高出近 20%。
- ➢ 系统成本下降。特斯拉在 Model 3 使用 21700 电芯后，仅电池系统成本就下降约 9%。
- ➢ 系统重量下降。21700 电芯整体体积大于 18650 电芯，随着单体容量提升，单体能量密度也提高，同等能量下所需电池单体的数量可减少约 1/3，在降低系统管理难度的同时，电池包采用的金属构件及电气配件的数量也减少，进一步降低了电池的重量。

下表为部分车型电池参数对比。

表4-2 部分车型电池参数对比

车　　型	电芯类型	电池电量/ kWh	能量密度/（Wh/ kg）	恒温性
零跑S01低配	18650（3.0Ah）	35.64	140	液冷液热 温差1.5℃内
零跑规划中型车	21700（4.8Ah）	大幅增加	160	液冷液热 温差1.5℃内
Model S	18650（3.1Ah）	75	138	液冷液热 温差2℃内
Model 3	21700（4.8Ah）	75	159	液冷液热 温差2℃内
宝马i3	方形电芯	33	135	冷媒直冷 温差≤5℃

10. 什么是 2P6S

前面讲过，电芯是组成动力电池的最小单元，将数个电芯串联、并联连接在一起，用同一个外壳封装，这就组成了一个电池模组。多个电池模组串联在一起构成动力电池总成。这里所说的 2P6S 即单个电池模组内电芯的布置形式。其中，P 和 S 的含义：

- P 表示并联（parallel）。
- S 表示串联（series）。

也就是说，单个电池模组内共有 12 个电芯，采用 2 并 6 串的布置形式，如图 4-10 所示。不同品牌的电池模组采用不同的电芯类型及布置形式，如特斯拉 Model S P85D 的动力电池使用了 7104 个 18650 电芯，分为 16 个电池模组，每个模组使用 444 节 18650 电芯，采用 74P6S 的布置形式。

图4-10　2P6S等效图

11. 为什么电芯需要串联、并联

- 为提升动力电池的容量，需要把单个电芯并联，通常把几个容量、性能参数相同的电芯用激光焊接方式并联成最小的电池模块。例如，把两个电芯并联叫作 2P，当然也可将更多电芯并联，如 35P。
- 为提高动力电池电压，需要将电芯串联成模组。例如，把 6 个 2P 的电池模块串联起来，就组成了 2P6S。

12. 锂电池结构

锂电池能将电能和化学能相互转换，进而实现能量的存储和释放，是一种可反复充放电的二次电池。如图 4-11 所示，锂电池结构主要包括以下几部分：

- 正极：包括集流体、基体、活性物质、导电剂、黏合剂、溶剂等。其中，活性物质一般为锰酸锂、钴酸锂、磷酸铁锂或三元锂。导电集流体使用厚度 10～20 微米的电解铝箔。
- 负极：包括集流体、基体、活性物质、黏合剂、溶剂等。其中，活性物质为石墨或近似石墨结构的物质，导电集流体使用厚度 7～15 微米的电解铜箔。
- 隔膜：锂电池使用的是聚乙烯（PE）、聚丙烯（PP）制备成的多孔隔膜，放置于正极、负极之间，将两极隔离开，以避免两极上的活性物质直接接触而造成电池内部短路。隔膜具有良好的离子通过性，能让锂离子自由通过，同时阻隔电子，以实现正极、负

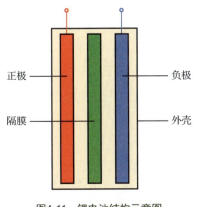

图4-11　锂电池结构示意图

极之间绝缘。

> 电解液：起传导锂离子的作用，主要有六氟磷酸锂溶剂型电解液或凝胶状电解液。
> 外壳：分为钢壳、铝壳、镀镍铁壳、铝塑膜等，还有电池的盖帽，也是电池的正极、负极引出端。

13. 锂电池工作原理

> 锂电池在充电时，锂离子从正极脱出，经过电解液进入负极，而反应产生的电子从外部电路转移至负极，维持电荷平衡；放电时，锂离子从负极脱出，经过电解液进入正极，而电子从负极经外部电路到达正极。

> 在每一次充放电循环过程中，锂离子充当电能的搬运载体，周而复始地在正极和负极之间来回移动，与正极、负极材料发生反应，将化学能和电能相互转换，实现电荷的转移。

下面以钴酸锂电池为例，对锂电池的工作原理进行讲解，如图4-12所示。

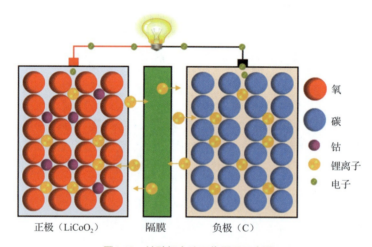

图4-12　钴酸锂电池工作原理示意图

◆ 充电过程

正极的锂离子（Li^+）从正极 $LiCoO_2$ 中脱出，然后"跳进"电解液里，通过电解液"爬过"隔膜上弯弯曲曲的小洞，"游泳"到达负极，在负极形成 Li_xC 化合物，并与早就通过外部电路"跑到"负极的电子（e^-）结合在一起。

✧ 充电过程电池反应式：

$LiCoO_2 + C \rightarrow Li_{1-x}CoO_2 + Li_xC$

✧ 充电过程正极反应式：

$LiCoO_2 \rightarrow Li_{1-x}CoO_2 + xLi^+ + xe^-$

✧ 充电过程负极反应式：

$6C + xLi^+ + xe^- \rightarrow Li_xC_6$

◆ 放电过程

电子和锂离子是同时行动的，方向相同，但路径不同。电子从负极通过外部电路"跑到"正极；锂离子从负极"跳进"电解液里，通过电解液"爬过"隔膜上弯弯曲曲的小洞，"游泳"到达正极，与早就跑过来的电子结合在一起。

- 放电过程反应式：

$Li_{1-x}CoO_2 + LixC \rightarrow LiCoO_2 + C$

- 放电过程正极反应式：

$Li_{1-x}CoO_2 + xLi^+ + xe^- \rightarrow LiCoO_2$

- 放电过程负极反应式：

$LixC_6 \rightarrow 6C + xLi^+ + xe^-$

14. 绝缘电阻测试仪

FLUKE1508 绝缘电阻测试仪（如图 4-13 所示）由中大规模集成电路组成，由机内电池作为电源，经 DC/DC 转换产生的直流高压由红表笔输出，经被测高压部件到达黑表笔，进而产生一个流经高压部件的电流，经过 I/V（电流/电压）变换，由除法器完成运算，将被测的绝缘电阻值在 LCD 显示屏上显示出来。

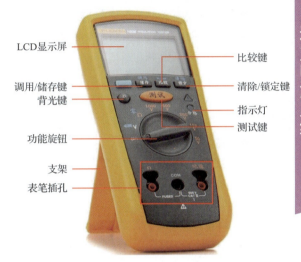

图4-13　FLUKE1508绝缘电阻测试仪

15. 如何检修绝缘电阻故障

➤ 如图 4-14 所示，当组合仪表内出现绝缘报警信息后，需要对高压部件的绝缘电阻进行检查，所需工具如下：

图4-14　组合仪表内绝缘故障信息

- ◆ 绝缘电阻测试仪
- ◆ 绝缘手套
- ◆ 绝缘垫
- ➢ 绝缘电阻检测的要求如下：
- ◆ 检查绝缘电阻测试仪是否完好。
- ◆ 检查绝缘手套是否干燥，有无漏气现象。
- ◆ 确认蓄电池负极为断开状态。
- ◆ 确认低压维修开关为断开状态。
- ◆ 确认各高压连接器、低压连接器为连接状态。
- ➢ 绝缘电阻检测方法如下：
- ◆ 铺设绝缘垫。
- ◆ 佩戴绝缘手套。
- ◆ 根据所测高压部件，将绝缘电阻测试仪的功能旋钮置于合适的测试电压位置，如图4-15所示，测试电压选为1000 V。
- ◆ 用黑表笔接触电平台，用红表笔分别接触高压正极或高压负极后，按压红表笔上的"TEST"按键或表身上的"测试"按键，待显示屏上的读数稳定后，松开按键。此时的显示屏读数即为该高压部件的绝缘电阻值。

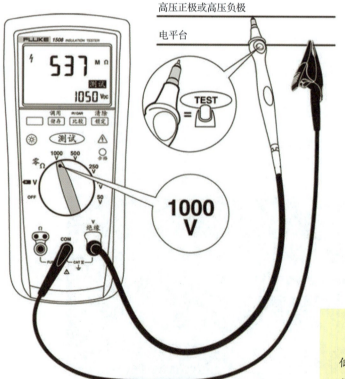

图4-15 检测绝缘电阻示意图

你知道吗？

动力电池的性能存在木桶效应，电量低的电芯直接影响车辆的续航里程，均衡管理可以使动力电池中的每个电芯都达到均衡一致的状态。均衡分为主动均衡和被动均衡。

16. 什么是主动均衡

> 主动均衡是以电量转移的方式进行均衡，效率高，损失小。

> 如图 4-16 所示，电芯 A 的电量多，电芯 C 的电量最少，将电芯 A 的电量转移到电芯 C，以达到减少不同电芯之间电量差距的目的，是一种能量转移型均衡。

> 主动均衡的优点：电路均衡效率高；在充电、放电和静态过程中均可均衡；平衡电流大，均衡速度较快。

> 主动均衡的缺点：技术复杂，成本高，实现困难；因需频繁切换均衡电路，对锂电池造成的伤害大，影响锂电池的寿命。

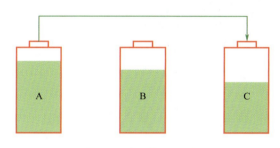

图4-16　主动均衡原理图

17. 什么是被动均衡

> 被动均衡一般以电阻放电的方式对电量较多的电芯进行放电，以热量形式释放电量。

> 如图 4-17 所示，电芯 B 的电量多，这时运用电阻，消耗电芯 B 的电量，以达到减少不同电芯之间电量差距的目的，是一种能量消耗型均衡。

> 被动均衡的优点：成本低，电路设计简单，技术较为成熟。目前，市场上采用被动均衡的电池管理系统较多。

> 被动均衡的缺点：以电芯最低电量为基准进行均衡，无法增加电量少的电芯电量，均衡电量 100% 以热量形式浪费掉。

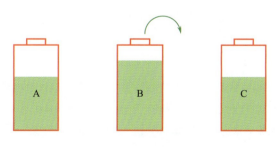

图4-17　被动均衡原理图

> 电芯衰减一般分为两类：
◆ 电芯内部因化学物质损失导致的不可逆衰减，也称为电芯老化。
◆ 气候温度变化或者电芯不一致而导致电芯性能和车辆续航里程下降，称为可逆衰减。既然衰减可逆，就有办法延缓或恢复。其中，气候温度变化可以通过恒温控制解决；电芯不一致的状况就需要动力电池管理系统来为电芯"治疗"了，这个治疗过程就是电芯均衡。
> 电芯均衡就是使电芯电量偏差保持在预期的范围内，从而保证每个电芯在正常使用时保持相同的状态，以避免过充电、过放电的发生。
> 主动均衡与被动均衡都可以通过动力电池管理系统实现。
> 在检修动力电池时，可以用均衡仪对电芯进行均衡。

18. 为什么电芯不一致

> 电芯不一致主要是两方面造成的：
◆ 电芯生产加工造成的，如加工工艺、材料等因素。
◆ 电芯使用环境造成的，如电芯在动力电池中的位置不同，温度就会略有不同，长期累积会造成电芯不一致。
> 电芯不一致主要包括四点：
◆ 荷电状态（SOC）
◆ 内阻
◆ 自放电电流
◆ 容量

均衡不能完全解决这四个差异，只能弥补荷电状态的差异，顺便解决自放电不一致的问题。对于内阻和容量，均衡是无能为力的。

19. 动力电池箱体密封性检测

> 动力电池作为电动汽车电力来源部件，其密封性直接影响到电动汽车的可靠性、续航里程等。
> 动力电池箱体密封性不仅受封装材料的影响，电池箱体的材质及工艺、电池箱盖材质和工艺也会影响其密封性。因此，在拆解封装后要对动力电池箱体的密封性进行检测，以确保符合要求，避免动力电池受到雨水、灰尘的侵蚀等。
> 动力电池箱体密封性主要体现在以下几个方面：

◆ 上下箱体本身：包括动力电池上盖、下箱体等。

◆ 箱体上的部件：包括高压连接器、低压连接器、防爆阀等。

◆ 各接合面：包括上盖与下箱体，高压连接器、低压连接器与箱体，防爆阀与箱体，紧固、胶接、铆接、焊接等连接方式的接合面。

➢ 动力电池箱体密封性检测方法如下：

◆ 将高压密封连接器（如图4-18所示）、低压密封连接器安装到动力电池相应的位置上。

◆ 将防爆阀气密夹具套进防爆阀本体与箱体之间的凹槽中，顺时针旋转，锁紧转轴，把防爆阀上盖压紧。

◆ 将压缩空气接入气密性检测仪进气口。

◆ 利用带有快速接头的气管连接气密性检测仪箱体接口与动力电池箱体有接口的高压密封连接器。

◆ 打开气密性检测仪电源开关，设置好需要的充气时间、保压时间等参数，接通压缩空气，开始测试。

图4-18　高压密封连接器

20. 动力电池水路密封性检测

➢ 为避免由于温度变化而导致电芯性能和车辆续航里程下降，在电池模组的下面安装液冷板，可以通过冷却液为动力电池模组升温或降温。

➢ 图4-19所示为动力电池水管。在水泵的作用下，冷却液从进水管进入动力电池模组下面的液冷板后，从出水管排出。

➢ 动力电池水路密封性检测方法如下：

◆ 将带有接口的水管安装到动力电池进水管接口处。

◆ 将压缩空气接入气密性检测仪进气口。

图4-19　动力电池水管

- 利用带有快速接头的气管连接气密性检测仪水路接口与动力电池水管接口。
- 打开气密性检测仪电源开关，利用检测仪将液冷板内的冷却液排出。
- 排出冷却液后，将带有堵头的水管安装到动力电池出水管接口处。
- 打开气密性检测仪电源开关，设置好需要的充气时间、保压时间等参数，接通压缩空气，开始测试。

> 汽车上常用的密封性检测方法有两种：

- 真空检测法

汽车空调系统在加注制冷剂前，需要用真空泵与空调系统管路连接，将空调系统管路中的非凝性气体和水分等排除。抽真空后应保持15分钟左右，如果真空表保持在一定数值内，说明空调管路无泄漏，密封良好。

- 加压检测法

动力电池箱体和水路密封性就是利用加压法检测的。用通用的气密性检测仪检测前，需要设置相关参数；使用专用的气密性检测仪，可不设置参数（相关参数已经被写入测试仪控制程序内），只需选择车型就可以。

第五章 高压分配系统

1. 高压分配系统部件

➢ 在电动汽车上,动力电池一直带有高压电。动力电池的高压电要对外输出,则动力电池总成内部的高压接触器盒内的接触器触点必须吸合。

➢ 从动力电池输出的高压电要分配给各个高压部件,如车载充电机、水暖PTC、空调压缩机、风暖PTC等,这就需要一个高压分配装置——高压配电盒,如图5-1所示。因此,高压分配系统主要包括两个部件:

◆ 高压接触器盒
◆ 高压配电盒

图5-1 高压配电盒

2. 高压接触器盒内部件

➢ 高压接触器盒安装在动力电池内部,包括高压正极接触器盒(如图5-2所示)和高压负极接触器盒(如图5-3所示),分别连接动力电池的正极、负极输出端。

➢ 高压正极接触器盒主要包括以下部件:
- ◆ 熔断器
- ◆ 预充电阻
- ◆ 预充接触器
- ◆ 主正极接触器
- ◆ 直流快充正极接触器

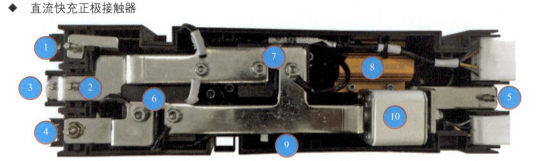

图5-2 高压正极接触器盒

高压正极接触器盒包含部件如表5-1所示。

表5-1 高压正极接触器盒包含部件

序 号	名 称	序 号	名 称
1	高压配电盒正极接线柱	6	直流快充正极接触器
2	前电机控制器正极接线柱	7	主正极接触器
3	后电机控制器正极接线柱	8	预充电阻
4	直流快充正极接线柱	9	预充接触器
5	动力电池正极接线柱	10	熔断器

➢ 高压负极接触器盒主要包括以下部件:
- ◆ 分流器
- ◆ 电流传感器
- ◆ 主负极接触器
- ◆ 直流快充负极接触器

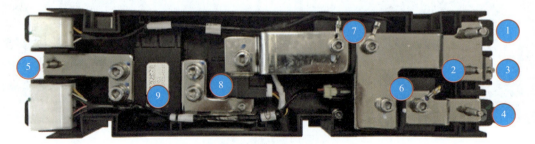

图5-3 高压负极接触器盒

高压负极接触器盒包含部件如表 5-2 所示。

表5-2 高压负极接触器盒包含部件

序号	名称	序号	名称
1	高压配电盒负极接线柱	6	直流快充负极接触器
2	前电机控制器负极接线柱	7	主负极接触器
3	后电机控制器负极接线柱	8	电流传感器
4	直流快充负极接线柱	9	分流器
5	动力电池负极接线柱		

3. 高压接触器盒原理框图

如图 5-4 所示，浅黄色框图代表动力电池总成，在其内部的蓝色框图代表高压正极接触器盒，而黄绿色框图代表高压负极接触器盒。从图中我们可以了解到各个部件的连接关系：

➢ 高压正极接触器盒内的预充电阻与预充接触器串联后，与主正极接触器并联。快充正极接触器与主正极接触器并联。

➢ 高压负极接触器盒内的快充负极接触器与主负极接触器串联。

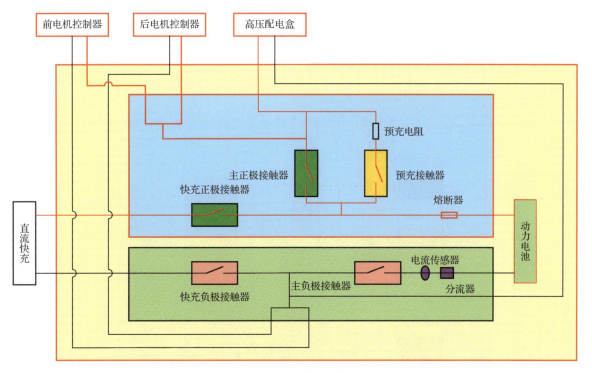

图5-4 高压接触器盒原理框图

4. 电动汽车高压安全要求

根据电动汽车和人体安全标准，在最大交流工作电压小于 660 V、最大直流工作电压小于 1000 V 及整车重量小于 3500 kg 的条件下，对电动汽车的高压安全要求如下：

- ➢ 人体的安全电压低于 36 V，触电电流和持续时间乘积的最大值小于 30 mA·s。
- ➢ 用绝缘电阻的电阻值除以动力电池的额定电压应大于 500 Ω/V。
- ➢ 高于 60 V 的高压系统的上电过程至少需要 100 ms，在上电过程中应该进行预充，以避免高压冲击。
- ➢ 在任何情况下，接触器断开时间应小于 20 ms，在高压系统断开后的 1s 内，汽车的任何导电部分和可触及部分搭铁电压的峰值应当小于 42.4 V（AC）或 60 V（DC）。

5. 什么是预充

- ➢ 预充和充电不是一回事。根据电动汽车高压安全要求，预充是电动汽车充电过程中必不可少的重要环节。电动汽车高压回路中存在大量的容性负载，预充是指在高压上电的瞬间给容性负载充电，其主要预充对象是电机控制器中的支撑电容，让电容电压缓慢地升高，以减少接触器接触时火花拉弧的现象，降低冲击，增加安全性。
- ➢ 说得直白一点，预充就是安全地接通动力电池与高压部件之间的高压回路，在每次启动车辆时都会经历这个过程。

6. 无预充有何影响

- ➢ 如图 5-5 所示，电机控制器内有较大的支撑电容 C，如果没有预充回路，即没有预充接触器和预充电阻，

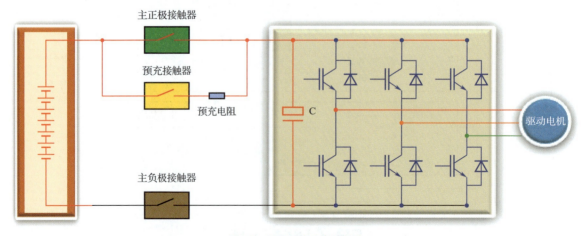

图5-5　预充回路工作原理图

当主正极接触器触点与主负极接触器触点吸合时，高压电路接通，接触器一端与动力电池相连，另一端与支撑电容相连。此时动力电池电压较高，一般为 400 V 左右，而支撑电容中的电压接近 0 V，相当于瞬间短路，回路电阻（包括动力电池内阻、高压电缆电阻、各接触点的接触电阻、熔断器内阻等）为几十毫欧。

> 根据欧姆定律可知，电压很大，电阻很小，则电流非常大。假设动力电池电压为 400 V，回路电阻为 20 mΩ，则瞬间电流 =400 V÷0.02 Ω=20000 A。如此大的瞬间电流不仅会烧毁主正极接触器与主负极接触器，也会对整个动力电源回路及其他用电设备造成严重损坏，而且危及驾乘人员的人身安全。

7. 何时断开预充接触器

> 如图 5-5 所示，为避免无预充导致的严重后果，在主正极接触器两端并联一个预充接触器和预充电阻，即增加了预充回路。

> 当高压上电时，主正极接触器先不吸合，预充接触器和预充电阻构成的预充电回路先接通，同时，主负极接触器吸合。当预充回路工作时，由于有预充电阻的存在，支撑电容上的电压逐渐增加（预充电流逐渐减少）。当电机控制器监测到支撑电容的预充电压达到动力电池电压的 90% 时，通过 CAN 线路发送预充完成报文给动力电池管理系统。此时动力电池管理系统吸合主正极接触器，之后断开预充接触器，完成预充过程，从而有效避免瞬间大电流损坏高压部件，达到安全接通高压回路的目的。

> **你知道吗？**
> "充电"是外部电源给电动汽车动力电池充电的过程。用交流慢充或直流快充方式对动力电池充电时，也有预充过程，预充完成后，才会对动力电池充电。

8. 预充电阻有多大

> 预充电阻的作用是限流，在通常情况下，预充电阻的阻值为 20～100Ω。

> 假设动力电池电压为 400 V，预充电阻阻值为 30Ω。在接通预充接触器的一瞬间，流过预充回路进入支撑电容的最大电流 =400 V÷30Ω ≈ 13.333 A。此时，选择额定电流为 15 A 的预充接触器，就可以保证预充回路的安全，同时保证主正极接触器接通时没有冲击电流存在。

图 5-6 为预充电阻示例。

> **你知道吗？**
> 某些品牌的电动汽车没有预充接触器和预充电阻构成的预充回路，如特斯拉 Model 3，预充使用 DC/DC 转换器来实现。

图5-6　预充电阻示例

9. 主正极接触器与快充正极接触器可以互换吗

> 整车高压上电及对动力电池进行交流慢充时，主正极接触器和主负极接触器均工作。
> 通过直流充电桩对动力电池进行直流快充时，快充正极接触器和快充负极接触器均工作。

在上述两种状态下，通过接触器的电流大小是不一样的，即直流快充时经过接触器的电流比高压上电及交流慢充时大得多。因此，整车在设计时，采用的不同接触器的额定电流也是不同的。主正极接触器与快充正极接触器不可以互换；同样，主负极接触器和快充负极接触器也不可以互换。所以，在检修高压接触器时，拆卸下来的高压接触器要按原位装回，切记不要装错位置。

10. 为什么设置高压采样点

> 如图5-7所示，浅蓝色框图代表快充负极接触器，浅红色框图代表主负极接触器，框图内的四个固定螺栓分别是两个接触器的高压触点。其中，有三个固定螺栓用黄色圆点做了标记，这就是高压采样点。
> 三个高压采样点通过三条高压采样线汇集到采样线连接器，通过采样线连接器将采样信息传递给动力电池管理系统，用于检测快充负极接触器、主负极接触器高压触点前后电压，并根据电压差来判断接触器的粘连情况。
> 同理，在高压正极接触器盒内，也有三个高压采样点，用来判断快充正极接触器、主正极接触器和预充接触器的粘连情况。

图5-7 高压负极接触器盒

11. 动力电池的电流监测方法

> 电流是引起电池单体温度变化的主要原因，而电流变化的时候也会引起电压的变化。电流、电压和温度是计算动力电池状态的三要素。

➢ 由于动力电池管理系统需要处理的电流数值，往往瞬时很大，如车辆加速时需要的放电电流和能量回收时的充电电流。因此，评估监测动力电池的输出电流（放电）和输入电流（充电）的精度是非常重要的内容。动力电池的电流监测工具主要有两种：

◆ 霍尔电流传感器
◆ 智能分流器

12. 霍尔电流传感器有什么作用

霍尔电流传感器是根据霍尔效应制作的一种磁场传感器。它有两种工作方式：

➢ 开环（直放式）

开环霍尔传感器的优点是电路形式简单，成本相对较低；其缺点是精度、线性度较差，响应时间较慢，温度漂移较大。为克服它的不足，闭环霍尔电流传感器出现了。

➢ 闭环（磁平衡式）

在动力电池的总负端采用的是三线式闭环霍尔电流传感器，负责监测动力电池的总电压、输出电流、输入电流和连接铜排的温度，并将信息传递给动力电池管理系统。

图5-8为电流监测示意图。

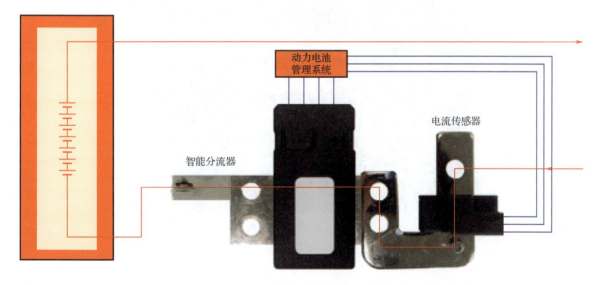

图5-8 电流监测示意图

13. 什么是智能分流器

➢ 动力电池管理系统作为"三电系统"的核心部件之一，其作用是对动力电池进行管理和控制，而管理和控制的基础是参数测量的精度，采集的参数偏差过大会直接影响动力电池的稳定运行。为使动力电池管理系统采集更加精确的动力电池充放电电流和更为准确地估算动力电池荷电状态，部分汽车品牌在动力电池总负端、霍尔电流传感器的后面又串联了带有温度补偿和荷电状态估算功能的新型高精度智能电流传感器——智能分流器。

➢ 四线式智能分流器通过串行总线与动力电池管理系统交换信息，为动力电池管理系统的电池保护、故障报警等功能提供更加准确的电池信息，保障动力电池的安全稳定运行。

14. 高压配电盒有什么作用

➢ 高压配电盒一般安装在机舱内。
➢ 高压配电盒将高压接触器输出的高压电分配给各个高压部件，内置保险丝和高压互锁开关。
高压配电盒结构如图5-9所示。

图5-9　高压配电盒结构

15. 高压配电盒原理框图

如图5-10所示，灰色框图代表高压配电盒，橙色部分代表高压部件连接器。从图中我们可以了解到高压电的分配情况。动力电池输出的高压电进入高压配电盒内，分为四路：

➢ 高压电经保险丝输出到水暖 PTC。
➢ 高压电经保险丝输出到车载充电机。

- 高压电经保险丝输出到风暖 PTC。
- 高压电经保险丝输出到空调压缩机。

另外,高压互锁开关是一个机械开关,受控于高压配电盒上盖。当打开高压配电盒上盖时,高压互锁开关断开,整车无法上高压电;当用螺栓拧紧高压配电盒上盖时,高压互锁开关闭合,整车可以上高压电。

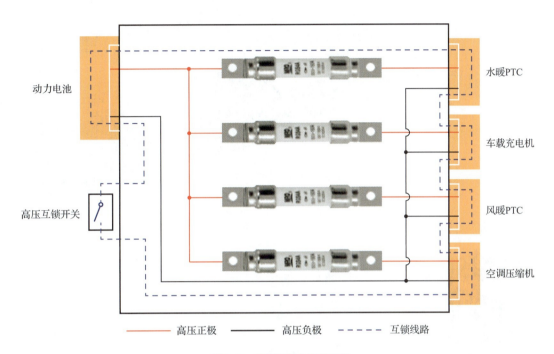

图5-10　高压配电盒原理框图

16. 熔断器与保险丝的区别

- 100多年前,爱迪生发明保险丝时,其用于保护当时昂贵的白炽灯。随着时代的发展,保险丝被用来保护电力设备不受过电流的伤害,避免电子设备因内部故障受到严重损坏。
- 保险丝也被称为电流保险丝,国际电工委员会将它定义为"熔断体",其主要起过载保护作用。在电路中正确安装保险丝,保险丝就会在电流升高到一定的程度的时候,自身熔断而切断电流,保护电路安全。其主要类型有:
  - 插片式保险丝(图5-11)
  - 管状保险丝(图5-12)
  - 螺栓式保险丝(图5-13)
- 熔断器(图5-14)是在电流超过规定值一定时间后,以自身产生的热量使熔体熔化,从而使电路断开。熔断器广泛应用于高低压配电系统及用电设备中,作为短路和过电流保护器。

从本质上讲,保险丝和熔断器内部都有熔体,都是电流超过规定值而使熔体断开,从而保护电路中的器件。

图5-11 插片式保险丝

图5-12 管状保险丝

图5-13 螺栓式保险丝

图5-14 熔断器

第六章 驱动电机系统

1. 电动汽车性能指标

> 对于电动汽车性能的评定，主要有以下三个性能指标：
- 最大行驶里程：电动汽车在动力电池充满电后的最大行驶里程。
- 加速能力：电动汽车从静止加速到一定的时速所需的最小时间。
- 最高车速：电动汽车能达到的最高车速。

2. 驱动电机系统部件

> 驱动电机系统是电动汽车"三电系统"之一，是电动汽车行驶的主要保障，其特性决定了车辆的主要性能指标，直接影响车辆动力性、经济性和用户驾乘感受。

> 驱动电机系统主要包括以下三个部件：
- 驱动电机
- 电机控制器
- 减速器

驱动电机系统结构如图6-1所示。

图6-1 驱动电机系统结构

3. 驱动电机性能要求

➢ 电机的作用是将电能转换为机械能,而针对电动汽车的驱动特点设计的电机,相比工业用电机有以下特殊的性能要求:

◆ 驱动电机可以频繁启动、停止及加速、减速,对转矩控制的动态性能要求较高。

◆ 为减少整车重量,通常取消多级变速器,这就要求在车辆低速或爬坡时,电机可以提供较高的转矩,通常要能够承受 4~5 倍过载。

◆ 调速范围大,在调速范围内需要保持较高的运行效率。

◆ 电机要尽量设计为高额定转速,采用铝合金外壳。高速电机体积小,有利于减少电动汽车的重量。

◆ 驱动电机应具有制动能量回收功能,再生制动回收的能量一般要达到总能量的 10%~20%。

◆ 驱动电机工作环境复杂,要有较高的可靠性和环境适应性,生产成本不能过高。

4. 驱动电机有几种类型

➢ 驱动电机可将电能与机械能相互转换,通过传动装置驱动车辆行驶或回收能量。当电能被转换成机械能时,驱动电机表现出电动机的工作特性;当机械能被转换成电能时,驱动电机表现出发电机的工作特性。大部分电动汽车在制动状态下,机械能将被转换成电能,通过发电机给动力电池充电。

➢ 驱动电机主要有以下四种类型:

◆ 直流驱动电机　　　　◆ 永磁同步电机

◆ 交流异步电机　　　　◆ 开关磁阻电机

图 6-2 为交流异步电机分解图。

图6-2　交流异步电机分解图

5. 为什么淘汰直流驱动电机

➢ 在电动汽车发展的早期,大部分电动汽车采用直流驱动电机,这类电机技术较为成熟,有控制容易、调速优良的特点,曾经在调速电动机领域被广泛应用。

➢ 直流驱动电机有复杂的机械结构,如电刷和机械换向器等,导致它的瞬时过载能力和电机转速进一步提高受到限制;而且,在长时间工作的情况下,机械结构会产生损耗,提高了维护成本。此外,电机运转时电刷冒出的火花使转子发热,浪费能量,散热困难,也会造成高频电磁干扰,影响整车性能。由于直流驱动电机有以上缺点,目前的电动汽车已经基本将其淘汰。

6. 什么是永磁同步电机

➢ 直流驱动电机采用在电机绕组内通过电流的方式来产生磁场,而永磁同步电机则在转子上加入永磁体来产生磁场。同时,永磁场还可以作为机械能和电能相互转换的媒介。

➢ 如图 6-3 所示,永磁同步电机的同步是指把永磁体转子放在能产生旋转磁场的定子铁芯中,当定子绕组通过电流后,转子将跟随旋转磁场同步旋转,其转向、转速与旋转磁场的旋转方向和旋转速度一致,即转子的转速与定子绕组的电流频率始终保持一致。因此,通过控制电机的定子绕组输入的电流频率,就可以最终确定汽车的车速。

➢ 永磁同步电机的优点:具有较高的功率密度与转矩密度。相比其他类型的电机,在相同重量与体积下,永磁同步电机能够为电动汽车提供更大的动力输出与加速度。因此,在对空间与自重要求极高的电动汽车行业,永磁同步电机成为汽车制造商的首选。

➢ 永磁同步电机的缺点:转子上的永磁材料在高温、震动和过电流的情况下,会产生磁性衰退的现象。在相对复杂的工作条件下,电机容易损坏。而且,永磁材料价格较高,所以整个电机及控制系统成本较高。

➢ 永磁同步电机应用车型:宋 EV300、北汽 EV 系列、红旗 EV 系列、腾势 400、荣威 ERX5 等。

图6-3 永磁同步电机

7. 交流异步电机为何成为特斯拉首选

➢ 交流异步电机的特点是定子、转子由硅钢片叠压而成，两端用铝盖封装，定子、转子之间没有相互接触的机械部件，结构简单，运行可靠，维修方便。

➢ 在交流异步电机中，转子磁场的形成分两步：

◆ 第一步，定子旋转磁场（由定子绕组电流产生）在转子绕组中感应，产生电流。

◆ 第二步，感应电流产生转子磁场。

➢ 在楞次定律的作用下，转子跟随定子旋转磁场转动，但"永远追不上"，所以这种电机叫异步电机。相比永磁同步电机，交流异步电机的优点是成本低，工艺简单，运行可靠，维修方便，而且能承受大幅度温度变化。反之，温度大幅度变化会损坏永磁同步电机。交流异步电机的缺点是功率密度与转矩密度低于永磁同步电机。

➢ 特斯拉 Model S 为何选用交流异步电机而不是永磁同步电机？除控制成本这个主要原因外，较大的 Model S 车体有足够的空间放下相对大一点的交流异步电机，这也是一个很重要的因素。而高能量密度的动力电池能够掩盖电机重量上的劣势。

8. 什么是开关磁阻电机

➢ 开关磁阻电机是一种新型电机，相比其他类型的驱动电机，它的结构最为简单，定子、转子均为普通硅钢片叠压而成的双凸极结构。

➢ 转子既无绕组，也无永磁体，定子装有简单的集中绕组，径向相对的两个绕组连接起来，称为"一相"，现今应用较多的是四相（8/6）结构和六相（12/8）结构。

➢ 开关磁阻电机具有结构简单、可靠性高、重量轻、成本低、效率高、温升低、易维修等优点，而且具有直流调速系统可控性好的优良特性，适用于恶劣环境，非常适合作为电动汽车的驱动电机。开关磁阻电机将成为电动汽车领域的一匹黑马。

9. 永磁同步电机结构

三相交流永磁同步电机是电动汽车驱动电机的首选，其主要由 4 部分组成：

➢ 电机：为电动汽车提供动力和回收能量，它主要由定子总成、转子总成、端盖和外壳等组成。

➢ 旋转变压器：检测电机转子的位置、转速及转向，经过逻辑处理而形成电机控制器内部 IGBT 的触发信号。

➢ 温度传感器：监测电机及控制系统的温度，并将温度信号转换为电信号。

➢ 冷却系统：包括水道、冷却液管插接器、前后端盖、机座等，主要作用是降低电机及控制系统的温度，防止其因温度过高而烧坏。

三相交流永磁同步电机的运行需依靠旋转变压器检测出转子的位置、转速及转向信号，通过电机控制器来控制与三相绕组连接的 IGBT 的导通与截止，从而控制定子三相绕组的通电次序，在定子上产生旋转磁场，带动转子同步旋转。

图 6-4 为永磁同步电机分解图。

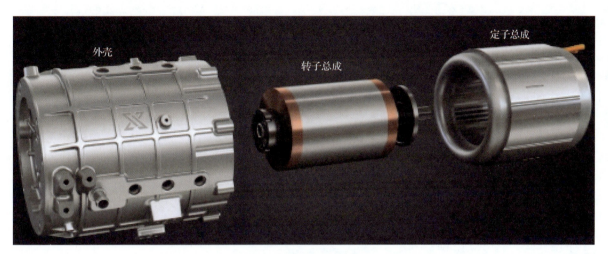

图6-4　永磁同步电机分解图

10. 三相绕组连接方法

定子总成是三相交流永磁同步电机的静止部分，由定子铁芯、三相绕组、绝缘材料和引出线等组成，主要作用是产生旋转磁场。三相交流永磁同步电机的定子绕组有三个，称为三相绕组。每个绕组有两个出线端，所以三相绕组共有六个出线端。把六个出线端按一定方式连接后才能由三相电源供电。其连接方法有两种：

> 星形（Y）连接

如图 6-5 所示，把三个绕组的某三个同名端连接成一端，把另三个同名端接到三相电源上，形似星形。这时，每相绕组承受的是电源的相电压（220 V）。星形连接的特点：电流小，发热量小，运行稳定；效率明显优于三角形连接；平均转矩大于三角形连接的平均转矩；总损耗小于三角形连接的总损耗。所以，电动汽车的电机基本采用星形连接方式。

> 三角形（△）连接

如图 6-6 所示，把三个绕组首尾相连，形似三角形，成闭合回路。三个端点接到三相电源上，这时每相绕组承受的是电源的线电压（380 V）。在三角形连接中，三次谐波环流产生的损耗使电机效率下降、温升增加。所以，电动汽车电机一般不采用三角形连接方式。

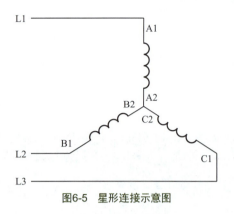

图6-5 星形连接示意图

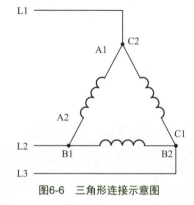

图6-6 三角形连接示意图

> **你知道吗？**
>
> 书中一般采用 A、B、C 来表示三相电机的三个定子绕组，实物则用 U、V、W 分别表示。

11. 三相绕组通电方式

电机控制器通过 IGBT 控制三相绕组的通电次序，从而在定子上产生旋转磁场，带动转子同步旋转。随着转子的转动，旋转变压器不断向电机控制器提供信号，以改变三相绕组的通电频率，从而控制旋转磁场的频率，最终控制车辆行驶速度。三相绕组的通电方式有两种：

➢ 两两通电

三相绕组采用星形连接，整个电机引出三相线 A、B、C，如图 6-7 所示，当两两通电时，分 6 种情况：

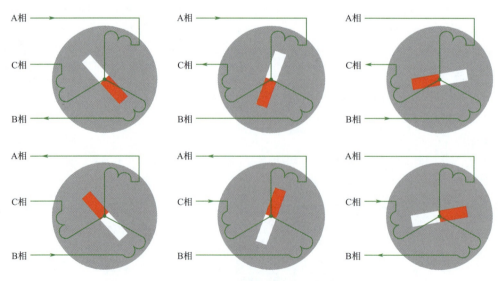

图6-7 电机两两通电工作过程示意图

82

- 电流由 A 相流到 B 相，此时 A 相绕组与 B 相绕组的合成磁场方向向左，转子顺时针转动。
- 电流由 A 相流到 C 相，此时 A 相绕组与 C 相绕组的合成磁场方向向右，转子顺时针转动。
- 电流由 B 相流到 C 相，此时 B 相绕组与 C 相绕组的合成磁场方向向右，转子顺时针转动。
- 电流由 B 相流到 A 相，此时 B 相绕组与 A 相绕组的合成磁场方向向左，转子顺时针转动。
- 电流由 C 相流到 A 相，此时 C 相绕组与 A 相绕组的合成磁场方向向右，转子顺时针转动。
- 电流由 C 相流到 B 相，此时 C 相绕组与 B 相绕组的合成磁场方向向右，转子顺时针转动。

➢ 三三通电

图 6-8 所示为电机三三通电工作过程，也分 6 种情况。

- 电流由 A 相流到 B 相和 C 相，此时 A 相绕组、B 相绕组与 C 相绕组的合成磁场方向向右，转子顺时针转动。
- 电流由 A 相和 B 相流到 C 相，此时 A 相绕组、B 相绕组与 C 相绕组的合成磁场方向向右，转子顺时针转动。
- 电流由 B 相流到 C 相和 A 相，此时 A 相绕组、B 相绕组与 C 相绕组的合成磁场方向向右，转子顺时针转动。
- 电流由 B 相和 C 相流到 A 相，此时 A 相绕组、B 相绕组与 C 相绕组的合成磁场方向向右，转子顺时针转动。
- 电流由 C 相流到 A 相和 B 相，此时 A 相绕组、B 相绕组与 C 相绕组的合成磁场方向向右，转子顺时针转动。
- 电流由 C 相和 A 相流到 B 相，此时 A 相绕组、B 相绕组与 C 相绕组的合成磁场方向向右，转子顺时针转动。

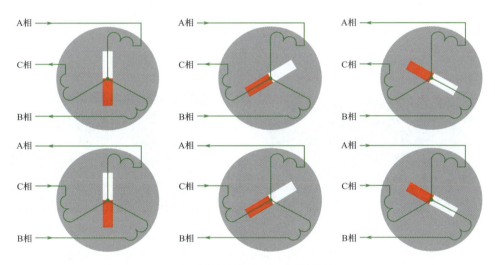

图6-8　电机三三通电工作过程示意图

12. 什么是 Hair-pin 绕组

众所周知，电动汽车驱动系统的核心是驱动电机。为通过有限的体积来提升车辆的动力性、经济性，驱动电机不断地朝着高功率密度、高电机效率的方向发展。

➢ 三相绕组采用传统的圆形漆包线绕组，往往存在有效铜面积小，绕组铜耗较大等问题。为提高有效铜面积，需要槽内铜线排列得更为规整，提高槽满率。因此，Hair-pin 发卡绕组方式得以应用。如图 6-9 所示，

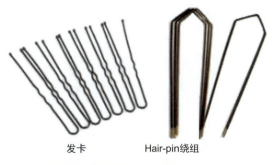

图6-9　发卡与Hair-pin绕组

图6-10 Hair-pin绕组定子总成

因为定子绕组的线圈形状像发卡,因此称为Hair-pin绕组。

➢ 如图6-10所示,制造定子组件时,首先把绕组做成像发卡一样的形状,穿进预制的定子槽;然后,在另一端将绕组扭曲,焊接在一起,形成完整绕组。

➢ Hair-pin绕组电机是指驱动电机的定子绕组采用扁铜发卡线代替传统细圆线,改进绕组形状和编排方式。相比略显凌乱的圆形漆包线绕组,Hair-pin绕组在同样的体积里有更多的铜线,因此电机的效率和功率密度上升。

13. Hair-pin 绕组优势

➢ 从图6-11和图6-12可以看出圆形漆包线绕组与Hair-pin绕组结构上的不同。

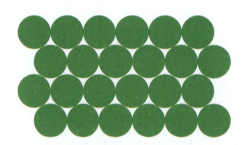

图6-11 圆形漆包线绕组

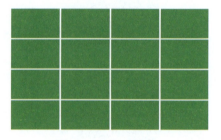

图6-12 Hair-pin绕组

➢ Hair-pin绕组槽内的铜线排列十分规整、槽满率高,从而电机功率密度、电机效率及散热性能方面有明显提高,拥有许多传统圆形漆包线绕组不可比拟的优势,如表6-1所示。

表6-1 Hair-pin绕组与圆形漆包线绕组对比优势

关键性能	Hair-pin绕组	圆形漆包线绕组	优势原因
电机效率	高	低	最高效率提升1%
功率密度	高	低	缩小电机体积15%～20%
电机散热	好	差	矩形绕组,铜耗降低,散热性能提升

14. 转子结构形式

转子是三相交流永磁同步电机的运动部分,由转子铁芯、永磁体、转轴及轴承等组成,主要作用是对外输出动力。根据永磁体在转子铁芯中的不同位置，转子分为两种结构形式：

> 表面式永磁转子

表面式永磁转子对应的电机为表面式永磁同步电机（SPMSM），顾名思义，永磁体被贴在转子圆形铁芯外侧，按其结构分为凸装式和嵌入式，如图6-13和图6-14所示。根据磁阻最小原理（磁通总是沿磁阻最小的路径闭合），磁引力拉动转子旋转，于是永磁转子就会跟随定子产生的旋转磁场同步旋转。永磁体直接暴露在气隙磁场中，因而容易退磁。由于制造工艺简单、成本低，永磁转子应用较广泛。

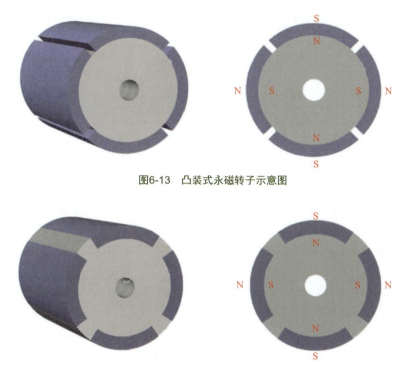

图6-13　凸装式永磁转子示意图

图6-14　嵌入式永磁转子示意图

> 内置式永磁转子

内置式永磁转子对应的电机为内置式永磁同步电机（IPMSM），顾名思义，永磁体埋于转子铁芯内部（如图6-15所示），按结构分为径向式、切向式和混合式（如图6-16所示）。由于永磁体埋于转子铁芯内部，转子结构更加牢固，易于提高电机高速旋转的安全性。

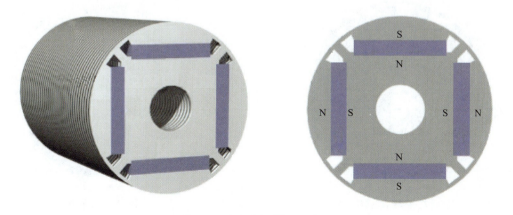

图6-15　内置式永磁转子示意图

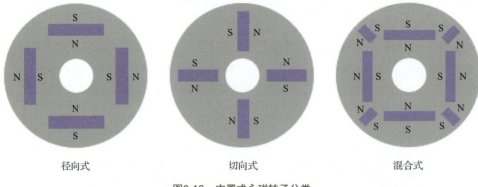

图6-16 内置式永磁转子分类

（径向式　切向式　混合式）

15. 旋转变压器结构

➤ 电动汽车上的驱动电机多为三相交流永磁同步电机，其中位置传感器的作用重大，通常被用于检测电机转子旋转的瞬间准确位置。驱动电机中现在常采用磁阻式旋转变压器作为位置传感器。磁阻式旋转变压器实际上是一种特殊的小型交流电机，用磁阻原理实现电信号间的转换，其结构如图 6-17 所示。

➤ 磁阻式旋转变压器用螺栓安装在驱动电机的后端，主要由定子和转子组成。

◆ 转子使用非永磁材料制成，无绕组，采用多极形状（如图 6-18 所示），其外形应符合能感应正弦信号的特殊要求，由永磁同步电机的转子轴带动旋转。

◆ 定子由定子铁芯和三个线圈构成。三个线圈分别为励磁线圈、正弦线圈和余弦线圈，对外共有 6 条引线。三个线圈都安装在定子铁芯的不同槽内，均固定，不旋转。当励磁线圈以一定频率的交流电压励磁时，转子旋转，在正弦线圈和余弦线圈上分别感应出相差 90° 电角度的正弦电压信号及余弦电压信号，故称为正弦线圈和余弦线圈。

➤ 磁阻式旋转变压器结构简单，占用空间极小，采取无刷结构，大大提高了系统的可靠性，其检测角位移精度极高，抗干扰能力较好，因此被电动汽车广泛采用。

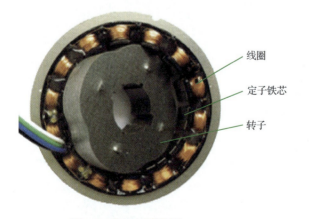

图6-17 旋转变压器结构

（线圈　定子铁芯　转子）

图6-18 转子形状

16. 旋转变压器原理

> 励磁线圈、正弦线圈和余弦线圈均安置在定子槽内，励磁线圈是逐个磁极反向串接，而正弦线圈及余弦线圈则以单个磁极为间隔反向串接。

> 当转子相对定子旋转时，定子与转子之间气隙的磁导发生变化，每转过一个转子齿距，气隙的磁导变化一个周期。

> 当转子转过一圈时，变化出与转子齿相同的数个周期。气隙的磁导变化导致励磁线圈和正弦线圈及余弦线圈之间互感的变化，正弦线圈及余弦线圈感应电压也随之发生变化。

> 正弦线圈及余弦线圈按正弦及余弦规律变化来判断转子的瞬间位置、旋转速度及旋转方向。

17. 旋转变压器如何检测转子位置

> 旋转变压器转子静止时的感应电压

◆ 当转子位于正上方且相对静止时，若励磁线圈输入有正弦励磁电流，则正弦线圈有感应电压，而余弦线圈无感应电压输出。

◆ 图6-19所示为转子静止时三个线圈上的电压信号波形。这时转子正对上方位置，与之最近的是定子上正弦线圈的磁极，于是正弦线圈上感应有相位相反的正弦波电压，而余弦线圈位置与转子相差最远，故此时不产生感应电压。

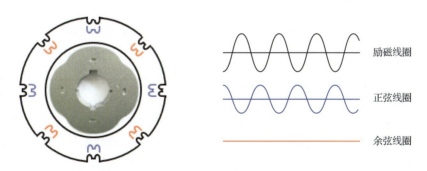

图6-19 转子静止时三个线圈上的电压信号波形

> 旋转变压器转子顺时针旋转时的感应电压

◆ 转子顺时针旋转离开正上方位置后，与正弦线圈逐渐远离，正弦线圈中产生的感应电压逐渐下降，而余弦线圈中产生的感应电压逐步增大，但相位与正弦线圈的电压相反，与励磁线圈的相位相同。

◆ 图6-20所示为转子顺时针旋转时三个线圈上的电压信号波形。若旋转变压器的转子继续旋转到正对余弦线圈的磁极时，即下图中转子顺时针旋转22.5°，此时正弦线圈不产生感应电压信号，余弦线圈将产生最大的感应电压信号。

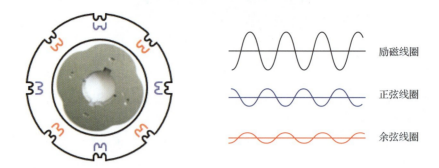

图6-20　转子顺时针旋转时三个线圈上的电压信号波形

➢ 旋转变压器转子逆时针旋转时的感应电压

◆ 转子逆时针旋转，离开正上方的正弦线圈的磁极，反方向逐步接近余弦线圈的磁极。此时正弦线圈感应电压下降，而余弦线圈感应电压逐渐增大，相位与励磁线圈的相反，也与顺转时转子的余弦电压相反，故可以借此来检测转子旋转的方向。

◆ 图6-21所示为转子逆时针旋转时三个线圈上的电压信号波形。

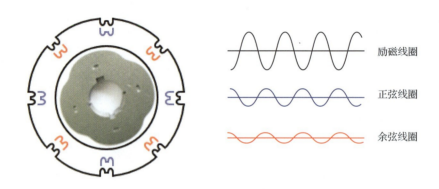

图6-21　转子逆时针旋转时三个线圈上的电压信号波形

➢ 通过比较旋转变压器转子的顺转与逆转输出的电压信号波形的幅值大小及相位，即可检测出转子当前的位置和旋转方向。同时，通过计算信号波形的变化周期，即可准确判断出旋转变压器转子的转速。由此经电机控制器可控制驱动电机的转速，也就调节了车速。这种用电机调速的方式十分快捷，比传统汽车变速器改变转速的方式更加简单、方便。

➢ 由上述分析可见，利用旋转变压器能精细检测出驱动电机转子的瞬间位置、即时转速及旋转方向，而且使驱动电机的结构更紧凑、成本更低。所以，磁阻式旋转变压器在电动汽车的驱动电机中被广泛使用。

18. 如何检修旋转变压器

➢ 电机控制器根据旋转变压器信号来确定输入驱动电机的三相电的初相位，并根据驾驶需求对驱动电机进行控制。如果此信号异常，电机控制器就无法判断当前转子的位置，从而无法对 IGBT 的导通时间进行控制，致使驱动电机无法运行。

➢ 磁阻式旋转变压器用螺栓安装在驱动电机的后端，如拆卸，需做记号，安装时需对准所做记号，否则可能导致车辆无法行驶或行驶过程中有顿挫感。

◆ 确定初始角度：每个电机的初始角度标注在电机铭牌上，如因拆装旋转变压器导致车辆无法行驶或行驶过程中有顿挫感，可以通过专检将初始角度重新写入电机控制器内。

◆ 读取故障码：通过专检读取电机控制器内是否存储旋转变压器的故障码。

◆ 测量电阻值：拔下旋转变压器侧连接器，使用万用表电阻挡测量三个线圈的电阻值，与标准值对比或与同品牌同车型的车辆对比。

图 6-22 所示为旋转变压器线路原理。

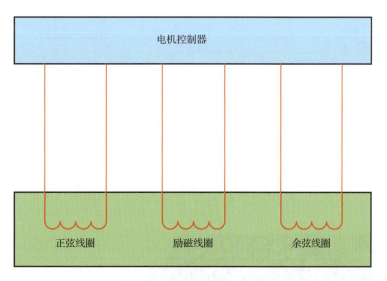

图6-22　旋转变压器线路原理

19. 为什么在电机中设置两个温度传感器

➢ 温度传感器用来监测电机的温度变化，并把温度信号转换为电子信号输送给电机控制器。温度传感器主要有四种类型：

◆ 热电耦式温度传感器
◆ 热敏电阻式温度传感器
◆ 数字温度传感器

◆ 半导体温度传感器

➤ 驱动电机内使用的是热敏电阻式温度传感器，它是一种阻值随温度变化发生变化的传感器。热敏电阻共有两种变化类型：一种是正温度系数，即温度升高阻值增加，另一种为负温度系数，即温度升高阻值降低。

➤ 为保证驱动电机安全运行，电机内设置了两个负温度系数热敏电阻式温度传感器，电机控制器对两个温度传感器信号实时检测并进行对比，以便精确地控制电机散热。如果有一个温度传感器出现故障，电机控制器将使用另一个替代；如果两个温度传感器同时出现故障，电机控制器将启动整车限功率保护功能，车辆最高车速及加速性能将受限，组合仪表将亮起限功率指示灯，警示驾驶员尽快检修。

图 6-23 所示为温度传感器线路原理。

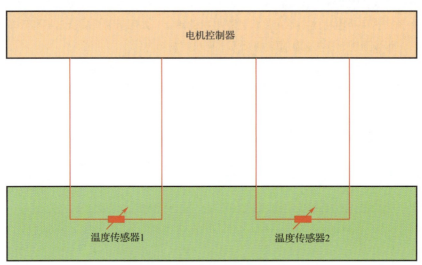

图6-23　温度传感器线路原理

20. 电机冷却系统有什么作用

图6-24　驱动电机水道

➤ 驱动电机冷却系统使用电动水泵提高冷却液压力，强制冷却液在驱动电机冷却水道内循环，用于冷却定子三相绕组，防止其因温度过高而烧毁。三相绕组在电机定子铁芯上缠绕且紧贴电机外壳。所以，电机液冷冷却系统水道被设计在金属壳内，其主要结构包括冷却水道、冷却液管插接器、前后端盖及机座等。驱动电机水道如图 6-24 所示。

➤ 通常来说，驱动电机、电机控制器、DC/DC 转换器与车载充电机等冷却循环管路串联，通过水泵加压，使冷却液在管路内循环。

> 当电机内的温度传感器检测到电机的温度为 45～50℃时，整车控制器控制冷却风扇低速运转；当检测到电机的温度≥50℃时，整车控制器控制冷却风扇高速运转；当检测到电机的温度降至 40℃时，整车控制器控制冷却风扇停止工作。

21. 电机控制器包括哪些部件

> 电机控制器（MCU）是驱动电机的控制大脑，它综合旋转变压器、温度传感器、电流传感器提供的电机转子位置、速度、方向、温度和电流等反馈信号及外部输入命令，用程序分析处理，决定控制方式及故障保护等，控制驱动电机的运行。

> 电机控制器能将动力电池中的高压直流电逆变成电压、频率和相序可调的三相交流电，实现对驱动电机转速、转矩和旋转方向的控制；在车辆制动或滑行阶段，也能将驱动电机产生的三相交流电整流成高压直流电，为动力电池充电。

> 电机控制器结构如图 6-25 所示，其内部主要包括以下部件：

- ◆ 控制板
- ◆ 驱动板
- ◆ IGBT 模块
- ◆ 支撑电容
- ◆ 被动放电电阻
- ◆ 电流传感器

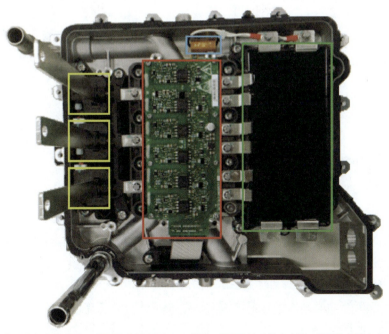

□ 电流传感器　□ 驱动板及IGBT模块　□ 被动放电电阻　□ 支撑电容

图6-25　电机控制器结构

22. 驱动电机如何工作

➢ 如图6-26中的A所示，一块条形磁铁，它的磁力线方向总是从N极出发，绕一圈回到S极；同时，同名磁极相互排斥，异名磁极相互吸引。当在它的上方放上另外一块磁铁时，在磁力作用下，上方的磁铁就会旋转，最终上方磁铁的N极靠近下方磁铁的S极；上方磁铁的S极靠近下方磁铁的N极。

➢ 根据法拉第电磁感应原理可知，绕组通电之后会产生类似条形磁铁的磁场，处于绕组产生的磁场中的磁铁也会受到磁力的作用，而趋向于异名磁极相互吸引的效果。

◆ 如图6-26中的B所示，如果一相绕组通电，那么它将产生类似条形磁铁的磁场。因此，当绕组通电时，就相当于在定子上放了一块条形磁铁。因此，定子三相绕组的磁场就相当于三块条形磁铁呈"米"字形被放在定子内部；当三相绕组依次通电时，就会产生不断旋转的磁场。在不断旋转的磁场中放上一块条形磁铁，则条形磁铁就会由于磁力的作用，跟着旋转磁场转动。

◆ 三相绕组依次通电形成旋转磁场，但这个磁场并不平顺，因为绕组在切换通电过程中磁力会发生变化。同时，如果转子中只有一块磁铁，受到的力就很小，因为磁极分布不均匀，同样使受到的力是不平顺的波浪形。为解决这个问题，三相绕组可以进行两两通电、三三通电控制，同时将更多磁铁（图6-26中的C所示为4块）放在转子上，组成转子磁组，这样就形成了一个S极和N极间隔的永磁转子。这样，定子三相绕组通电产生不断旋转的磁场，而处于磁场中的转子因任意方向都有磁铁而受力。因此，转子就能稳定地旋转起来。

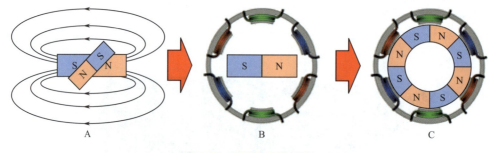

图6-26 驱动电机工作原理

23. 电机控制器如何工作

➢ 控制板是电机控制器与整车控制器和负载的通信接口，将车辆行驶的相关信号转换成PWM方波信号，通过控制占空比将直流电信号转换成交流电信号。

➢ 交流电信号经驱动板放大处理后驱动IGBT大功率开关管交替工作，将高压直流电逆变成三相交流电，供给三相绕组，从而在定子三相绕组上产生旋转磁场。旋转磁场与转子永磁体相互作用，拖动永磁转子同步转动。

➢ 随着永磁转子的转动，旋转变压器和电流传感器又不断地传输相关信号，实时改变三相绕组的通电状态，使电机稳定运行。

图6-27所示为电机控制器部件。图6-28所示为电机控制器工作原理。

控制板　　　　驱动板及IGBT模块　　　　支撑电容

图6-27　电机控制器部件

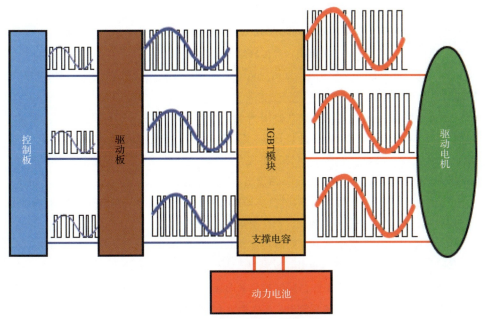

图6-28　电机控制器工作原理

24. 驱动电机如何实现变速、变矩

➢ 电机控制器通过控制 IGBT 大功率开关管来改变输出的三相交流电的电压和频率，从而改变驱动电机的转速、转矩，对车速进行控制。

➤ 图 6-29 所示为三相交流永磁同步电机工作原理。下面以"D"挡为例，对三相交流永磁同步电机的工作过程进行讲解：当换挡手柄置于"D"挡时，电机控制器内的控制板通过 CAN 接收电子换挡器的"D"挡信息，电机控制器控制相关的 IGBT 交替工作。

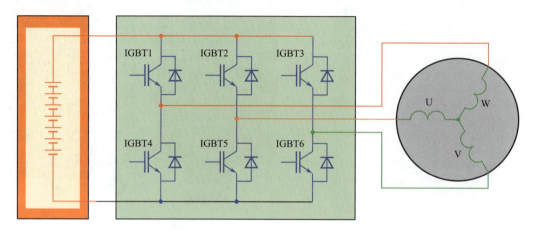

图6-29　三相交流永磁同步电机工作原理

◆ 如图 6-29 所示，电机控制器控制 IGBT3、IGBT5 工作，此时，电流通过 IGBT3 到达绕组 V，再流向绕组 U，通过 IGBT5 后流出，产生转矩（V→U）。

◆ 电机控制器控制 IGBT1 开始工作，同时控制 IGBT3 逐步断开，此时，电流通过 IGBT1、IGBT3 到达绕组 W、V，再流向绕组 U，通过 IGBT5 后流出，产生转矩（V、W→U）。

◆ IGBT1 完全工作，IGBT3 完全断开。此时，电流通过 IGBT1 到达绕组 W，再流向绕组 U，通过 IGBT5 后流出，产生转矩（W→U）。

◆ IGBT1 完全工作，电机控制器控制 IGBT6 开始工作，同时控制 IGBT5 逐步断开。此时，电流通过 IGBT1 到达绕组 W，再流向绕组 U、V，通过 IGBT5、IGBT6 后流出，产生转矩（W→U、V）。

◆ IGBT1 完全工作，电机控制器控制 IGBT6 完全工作，同时控制 IGBT5 完全断开。此时，电流通过 IGBT1 到达绕组 W，再流向绕组 V，通过 IGBT6 后流出，产生转矩（W→V）。

◆ 电机控制器控制 IGBT1 逐步断开，同时控制 IGBT2 开始工作。此时，电流通过 IGBT1、IGBT2 到达绕组 W、U，再流向绕组 V，通过 IGBT6 后流出，产生转矩（W、U→V）。

◆ 电机控制器控制 IGBT1 完全断开，同时控制 IGBT2 完全工作。此时，电流通过 IGBT2 到达绕组 U，再流向绕组 V，通过 IGBT6 后流出，产生转矩（U→V）。

◆ 电机控制器控制 IGBT4 开始工作，同时控制 IGBT6 逐步断开。此时，电流通过 IGBT2 到达绕组 U，再流向绕组 V、W，通过 IGBT6、IGBT4 后流出，产生转矩（U→W、V）。

◆ 电机控制器控制 IGBT6 完全断开，同时控制 IGBT4 完全工作。此时，电流通过 IGBT2 到达绕组 U，再流向绕组 W，通过 IGBT4 后流出，产生转矩（U→W）。

◆ 电机控制器控制 IGBT2 逐步断开，同时控制 IGBT3 开始工作。此时，电流通过 IGBT3、IGTB2 到达绕组 V、U，再流向绕组 W，通过 IGBT4 后流出，产生转矩（V、U→W）。

◆ 电机控制器控制 IGBT2 完全断开，同时控制 IGBT3 完全工作。此时，电流通过 IGBT3 到达绕组 V，再流向绕组 W，通过 IGBT4 后流出，产生转矩（V→W）。

◆ 电机控制器控制 IGBT4 逐步断开，同时控制 IGBT5 开始工作。此时，电流通过 IGBT3 到达绕组 V，再流向绕组 W、U，通过 IGBT4、IGBT5 后流出，产生转矩（V→W、U）。

◆ 电机控制器控制 IGBT4 完全断开，同时控制 IGBT5 完全工作。此时，电流通过 IGBT3 到达绕组 V，再流向绕组 U，通过 IGBT5 后流出，产生转矩（V→U）。
- 以此类推，通过电机控制器控制 IGBT，实时改变三相绕组的通电状态，使驱动电机稳定运行。

25. 驱动电机如何实现换向

将三相交流永磁同步电机中的任意两相绕组调换，就可以实现换向，即驱动电机通过反转实现"R"挡功能。绕组调换是通过电机控制器实现的。

➢ 当换挡手柄置于"R"挡时，电机控制器内的控制板通过 CAN 接收电子换挡器的"R"挡信息，通过驱动板控制 IGBT 的导通顺序来改变输出三相交流电的相序，使驱动电机反转，实现"R"挡功能。

➢ 对比前面所讲的"D"挡控制，要实现"R"挡功能，需要将任意两相绕组调换：电机控制器控制 IGBT2、IGBT6 工作，电流通过 IGBT2 到达绕组 U，再流向绕组 V，通过 IGBT6 后流出，产生转矩（U→V）。

26. 减速器和变速器的区别

➢ 燃油发动机的调速性能差，因此在发动机的后面串联变速器。变速器可以实现加速和减速功能，如六挡变速器就可以实现 4 个减速挡、1 个直接挡和 1 个加速挡。

➢ 电动汽车的驱动电机本身具有较好的调速特性，其变速机构大大简化，较多的是采用固定速比的减速器，省去了变速器、离合器等部件。

- 减速器的主要功能是将驱动电机的转速降低，将转矩升高，以实现整车对驱动电机转矩、转速的需求。
- 如图 6-30 所示，驱动电机的转速经减速器实现一级减速，之后经过主减速器进行二级减速后，通过差速器、左右半轴将动力输出至驱动轮。

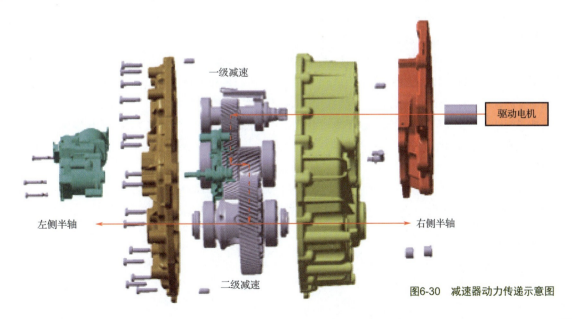

图6-30　减速器动力传递示意图

27. 驱动电机整流原理

➢ 如图 6-31 和图 6-32 电机电感储存磁场与释放磁场的能量示意图所示，D1～D6 为续流二极管。续流二极管由于在线路中起到续流的作用而得名，它在线路中用来保护元件不被感应电压击穿或烧坏，以并联的方式连接到产生感应电动势的元件两端，与其形成回路，使其产生的高电动势在回路以续电流方式消耗，从而起到保护线路中的元件不被损坏的作用。

➢ 电流在通过驱动电机绕组时，会在其两端产生感应电动势；当电流消失时，其感应电动势会对线路中的元件产生反向电压，当反向电压高于元件的反向击穿电压时，会对晶体管、晶闸管、IGBT 等元件造成损坏。

◆ 续流二极管并联在驱动电机绕组的两端，这些反向电压通过在续流二极管和绕组构成的回路中做功，将电压（电流）消耗掉，从而保护线路中的其他元件的安全。

◆ 续流二极管在能量回收时还被作为整流二极管使用，将驱动电机产生的三相交流电整流为直流电，输送至动力电池，为动力电池充电。

28. 驱动电机发电原理

➢ 在能量回收阶段，驱动电机处于发电状态时，利用控制板的控制信号将 IGBT 模块上半桥的 IGBT1、IGBT2、IGBT3 全关闭，而下半桥的 IGBT4、IGBT5、IGBT6 分别按一定规律进行 PWM 控制。这样，因上半桥续流二极管的存在，其等效电路类似一个半控整流电路。

➢ 另外，驱动电机在发电时，其发电电压必须高于动力电池的电压才能给动力电池充电，所以，控制发电的方法就是根据半控整流的 PWM 升压工作原理，即产生泵升电压。当泵升电压高于动力电池的端电压时就能为动力电池充电，这一过程全部由电机控制器控制。

➢ 在控制驱动电机的过程中，电机的降速和停机是通过逐渐降低三相交流电的频率来实现的。在频率降低的瞬间，电机的同步转速随之下降，但由于车辆惯性，电机的转子转速未变。当电机的同步转速小于转子转速时，转子电流的相位几乎改变了 180°，电机从电动状态变为发电状态。与此同时，电机轴上的驱动转矩变成了制动转矩，使电机的转速迅速下降，电机处于再生制动状态。电机再生的电能经续流二极管全波整流后，被反馈到直流母线，被控制器的电容、电感吸收，使电容、电感短时间电荷堆积，形成泵升电压，促使电压升高。

◆ 如图 6-31 所示，在发电状态时，假设 IGBT4 导通，其工作回路为 W 相绕组→IGBT4→D5→U 相绕组→W 相绕组，此时属于电机电感储存磁场能量的过程。

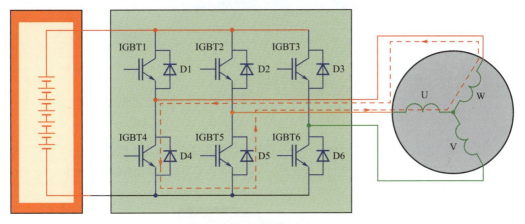

图6-31 电机电感储存磁场能量示意图

◆ 如图6-32所示,在发电状态时,假设IGBT4截止,其工作回路为W相绕组→D1→动力电池→D5→U相绕组→W相绕组,因续流作用向动力电池充电,此时属于电机电感释放磁场能量的过程。

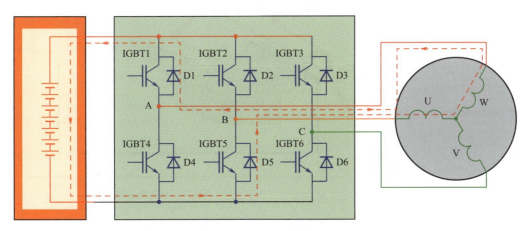

图6-32 电机电感释放磁场能量示意图

电机控制器以闭环控制的方式自动调整PWM占空比,满足U_{AB}电压不超过动力电池允许的最高充电电压,并满足发电电流不超过动力电池允许的最大充电电流。

29. 什么是能量回收

➤ 电动汽车与燃油汽车很大的区别是,电动汽车有能量回收系统。那什么是能量回收呢? 众所周知,汽车实现减速有两个途径:

◆ 松加速踏板:通过整车自身所受阻力来进行滑行减速,此工况的滑行距离较长。
◆ 踩制动踏板:通过踩制动踏板来实现制动。

➤ 整车减速的过程其实是整车的动能转化为克服摩擦阻力产生的热能的一个过程,包括风阻、传动机构摩擦阻力、轮胎和地面的摩擦阻力、制动系统工作的摩擦阻力(此项能量占比最大)。在整车开发过程中,其他参数已经固定了,属于被动存在的。但是,如果将制动摩擦产生的能量收集起来,重新用于驱动,那对降低整车能耗的意义是巨大的，电动汽车的能量回收系统就承担了这个工作。

30. 如何实现能量回收

➢ 我们在学习物理的时候学到过，给一个处于磁场中的绕组通交流电，绕组会在磁场中旋转（电生磁），一个在磁场中旋转的绕组会有反向电流通过，同时产生一个反向的阻力阻止绕组旋转（磁生电），这就是基础的电机原理，如图6-33所示。电动汽车在减速的过程中就是利用了磁生电的原理，通过电机把整车的动能转为电能回收起来。

➢ 行驶中的汽车进行减速（松加速踏板滑行或踩制动踏板制动），电机因和车轮还是连接的，转子永磁体在车轮和传动机构的带动下高速旋转并且被定子绕组切割磁力线，定子绕组产生的反向感应电流通过电机回充到动力电池，并在此时对转子产生反向转矩，从而阻止车辆向前行进，以此实现车辆减速，也就是上面所说的磁生电。

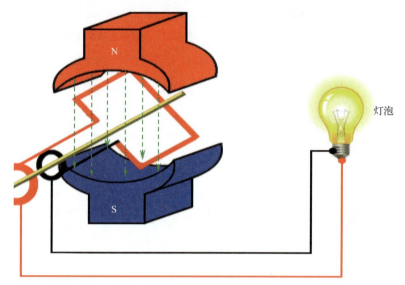

图6-33 磁生电原理

31. 能量回收有几种方式

➢ 电动汽车有两种能量回收方式：
◆ 制动能量回收
◆ 滑行能量回收

➢ 两者最大的区别就是，是否踩下制动踏板。通过踩制动踏板实现能量回收的就是制动能量回收，仅依靠松加速踏板实现能量回收的叫作滑行能量回收。

32. 制动能量回收方式

➢ 电机的制动能量回收目前通过两种方式实现：

- RBS（基本再生制动系统）
- CRBS（协作再生制动系统）

➢ 两者最大的区别就是，制动踏板是否和制动执行机构解耦（RBS 接耦，CRBS 解耦）。在电动汽车的一个制动工况中，制动力矩的来源有两个：
- 车轮制动片带来的机械制动。
- 电机对转子产生反向转矩，实现车辆减速，也就是电制动。

➢ 只要电制动的占比增加，就会有更多的磁生电，可回收更多的电量。

➢ RBS 的制动踏板和制动轮缸是接耦的，在减速过程中，只要踩下制动踏板，制动轮缸就会由液压产生机械制动，而电制动仅是叠加在机械制动上进行制动的。所以，还是有一部分能量损失了，能量回收率较低。

➢ CRBS 的制动踏板和液压机构解耦，在踩下制动踏板后，控制器通过行程传感器获得当前踏板角度和角加速度，推测驾驶员的制动需求，并计算需求的制动力矩，然后将电机作为主要力矩提供源，将液压机械制动作为制动力矩不足的补偿，从而提高电制动的占比，进而增加能量回收。CRBS 工作原理如图 6-34 所示。

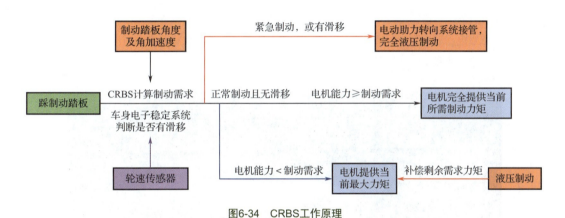

图6-34　CRBS工作原理

33. 滑行能量回收方式

➢ 电机的滑行能量回收目前有两种方式：
- 不通过加速踏板开度进行减速度调节。
- 通过加速踏板开度控制减速度。

通俗地讲，前者无法通过加速踏板开度来调节能量回收强度，能量回收就是有或无；后者可以通过加速踏板开度来调整能量回收强度。目前，电动汽车大部分采用后者。图 6-35 所示为特斯拉电动汽车踏板。

图6-35　特斯拉电动汽车踏板

➢ 一些厂商甚至做成单踏板模式，即通过加速踏板实现车辆起步、加速和减速等操作，踩下加速，松开减速，只要驾驶者操作熟练，起步、滑行、刹停等操作都能够通过控制踏板力度来完成。值得一提的是，单踏板模式并不意味着只有一个加速踏板，更不意味着制动功能消失。在正常驾驶情况下，单踏板模式足以完成大多数加速、减速操作，但在需要急刹时，驾驶者仍然需要通过制动踏板来完成。

34. 能量回收强和弱，哪种更省电

经常有人问，能量回收强和弱，哪种更省电？仅靠滑行，把车停到你想停的目标位置就是最省电的方式。

➢ 能量回收太强，车辆还没到达目标位置便要停车，需要再次加速才可以到达目标位置，电能两次重放，转换效率差。

➢ 能量回收太弱，车辆到达目标位置时还有车速，需要踩制动踏板将车停在目标位置，造成热能损失。

因此，完全依靠电制动，到达目标位置，无效率变换，无能量损失，这样开车最省电。

电动汽车设置中的能量回收强度等级如图6-36所示。

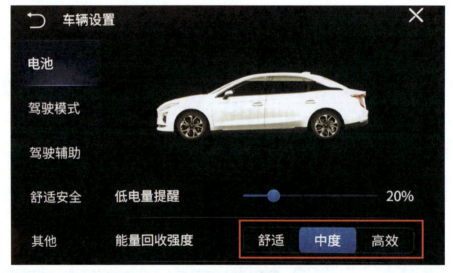

图6-36　电动汽车设置中的能量回收强度等级

第七章 充放电系统

1. 充放电系统部件

> 燃油汽车用燃油为车辆提供能量，加满一箱油跑几百千米后，需要再次加油，以保证车辆能正常行驶。

> 纯电动汽车用动力电池为车辆提供能量，当动力电池电量耗尽后，需要再次为动力电池充电，以保证车辆能正常行驶。

> 为提高人们生活的舒适性和便捷性，电动汽车也可以对外放电。例如，外出郊游，可利用电动汽车作为电源，为电磁炉提供电能。那么，电动汽车的充放电系统包括哪些部件呢？

- ◆ 车载充电机（图7-1）
- ◆ DC/DC 转换器
- ◆ 车辆插座
- ◆ 活动电缆（图7-2）
- ◆ 放电电缆

图7-2　活动电缆

图7-1　车载充电机

2. 什么是车载充电机

> 车载充电机是指固定安装在电动汽车上的充电机，可以将民用电网提供的交流电转换为高压直流电，为动力电池充电。车载充电机根据动力电池管理系统提供的数据，动态调节充电电流或电压参数，执行相应的操作，具有安全、自动充满电的能力。

> 现在很多车型安装的是双向车载充电机，与车载

充电机相比，其具有对外放电功能，可将动力电池的高压直流电转换为 220 V 交流电，通过车辆插座对外放电。

3. 车载充电机功能

➤ CAN 通信功能
获取动力电池参数、充电前和充电过程中整组和单体电池的实时数据。

➤ 交流充电控制导引功能
确认交流充电桩的最大供电电流；动态调节充电电流或电压。

➤ 控制交流输入电流功能
将交流充电桩的最大供电电流值、活动电缆设计最大电流值、动力电池需求充电电流值、车载充电机最大允许输入电流值进行比较，将四者中的最小值设定为车载充电机当前最大允许输入电流。

➤ 安全防护功能
◆ 交流输入过电压保护功能。
◆ 交流输入欠电压警告功能。
◆ 交流输入过电流保护功能。
◆ 直流输出过电流保护功能。
◆ 直流输出短路保护功能。
◆ 阻燃功能。
◆ 充电联锁功能，保证充电机与动力电池连接分开以前车辆不能启动。
◆ 高压互锁功能，当有危害人身安全的高电压时，模块锁定，无输出。

4. 什么是 DC/DC 转换器

➤ DC 是英文 "direct current" 的简称，译为"直流电流"。电动汽车上的 DC/DC 转换器就是在接收到 CAN 网络报文，被唤醒后，将高压直流电转换为低压直流电，给 12 V 蓄电池充电并向全车低压用电设备供电，其相当于传统燃油汽车中的交流发电机。

➤ 如果电动汽车 12 V 蓄电池亏电，用外接充电器对其充电时，电缆夹子与蓄电池极桩要连接正确，否则可能造成 DC/DC 转换器内部器件损坏。

你知道吗？

➤ 在关闭点火开关的情况下，用万用表测量 12V 蓄电池的电压并记录。

➤ 将点火开关置于 ON 挡，高压系统上电，此时 DC/DC 转换器工作。

➤ 用万用表再次测量 12 V 蓄电池电压，若电压高于前者且电压在 13 V 以上，表明 DC/DC 转换器输出正常，否则可能存在故障。

5. 在哪些情况下可以使用放电电缆

➢ 放电电缆的两端分别为放电枪和放电插座，如图7-3所示。放电插座一般包括指示灯、开关、16 A 插孔、10 A 插孔和两芯插孔。

➢ 当需要对外放电时，将放电电缆插入车辆插座内。此时，双向车载充电机可将动力电池的高压直流电转换为 220 V 交流电，通过放电插座就可以对外放电了，可以在出行闲暇时用来烧水、煮咖啡，也可以为其他车辆充电。

图7-3　放电电缆

6. 电动汽车对外放电

➢ 电动汽车对外放电步骤如下：
◆ 将车辆熄火并置于 P 挡，拉起驻车制动。
◆ 按下驾驶室内的放电按钮。
◆ 驾驶室内中控屏提示选择插座放电、单相放电。
◆ 中控屏提示在 10 分钟内插入放电枪。此时，将放电枪插入交流慢充车辆插座，车辆仪表显示放电，放电插座上的指示灯亮起，此时放电插座就有电了。

7. 车辆插座上有哪些信号线

- 车辆插座分为交流慢充车辆插座和直流快充车辆插座，在插座上有多根信号线。
- 交流慢充车辆插座上的信号线有温度信号线、CP（控制导引）信号线、CC（充电连接确认）信号线等。
- 直流快充车辆插座上的信号线有温度信号线、CC1 信号线、CC2 信号线、CAN 信号线等。
- 当车辆插座上的温度传感器监测的温度高于厂家设定阈值时，停止充电。

图 7-4 所示为温度传感器原理。

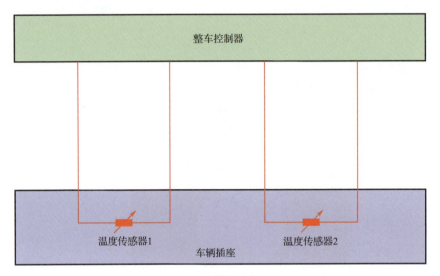

图7-4　温度传感器原理

8. 什么是充电模式

《电动汽车传导充电系统 第 1 部分：通用要求》（GB/T 18487.1—2015）对充电及充电模式的定义如下：

- 充电：将交流或直流电网（电源）调整为标准的电压、电流，为电动汽车动力电池提供电能，也可额外地为车载电气设备供电。
- 充电模式：连接电动汽车到电网（电源）给电动汽车供电的方法。充电模式共分为 4 种。

9. 充电模式 1 使用条件

《电动汽车传导充电系统 第 1 部分：通用要求》（GB/T 18487.1—2015）对充电模式 1 的定义及使用条件如下：

➢ 充电模式 1 定义

将电动汽车连接到交流电网（电源）时，在电源侧使用了符合 GB 2099.1 和 GB 1002 要求的插头插座，在电源侧使用了相线、中性线和保护接地的导体，如图 7-5 所示。

➢ 充电模式 1 使用条件

◆ 充电系统使用标准的插座和插头，在能量传输过程中应采用单相交流供电，且不允许超过 8A 和 250 V。在电源侧应使用符合 GB 2099.1 和 GB 1002 要求的插头插座，在电源侧使用相线、中性线和保护接地导体，并且在电源侧使用剩余电流保护装置。从标准插座到电动汽车，应有保护接地导体。

◆ 不应使用充电模式 1 对电动汽车充电。

➢ 国标解读

✧ 使用 GB 2099.1 和 GB 1002 定义的标准插头插座充电。

✧ 采用单相交流供电，电流不大于 8A，电压不大于 250 V。

✧ 无保护，禁止使用充电模式 1 对电动汽车充电。

图7-5　充电模式 1 示意图

10. 充电模式 2 使用条件

图7-6　充电模式 2 示意图

《电动汽车传导充电系统 第 1 部分：通用要求》（GB/T 18487.1—2015）对充电模式 2 的定义及使用条件如下：

➢ 充电模式 2 定义

将电动汽车连接到交流电网（电源）时，在电源侧使用了符合 GB 2099.1 和 GB 1002 要求的插头插座，在电源侧使用了相线、中性线和保护接地的导体，并且在充电连接时使用了缆上控制与保护装置（IC-CPD），如图 7-6 所示。

➢ 充电模式 2 使用条件

◆ 充电系统使用标准插座，在能量传输过程中应采用单相交流供电。电源侧使用符合 GB 2099.1 和 GB 1002 要求的 16A 插头插座时输出不能超过 13A；电源侧使用符合 GB 2099.1 和 GB 1002 要求的 10A 插头插座时输出不能超过 8A。在电源侧使用相线、中性线和保护接地导体，并且采用缆上控制与保护装置（IC-CPD）连接电源与电动汽车。
- ◆ 从标准插座到电动汽车应有保护接地导体，且应具备剩余电流保护和过电流保护功能。
- ➢ 国标解读
- ✧ 使用 GB 2099.1 和 GB 1002 定义的标准插头插座充电。
- ✧ 为保证充电模式 2 充电安全，采用单相交流供电。
- ✧ 输出电流大约为标准插头插座额定值的 20%。
- ✧ 充电模式 2 应具备剩余电流保护和过电流保护功能。

11. 充电模式 3 使用条件

《电动汽车传导充电系统 第 1 部分：通用要求》（GB/T 18487.1—2015）对充电模式 3 的定义及使用条件如下：
- ➢ 充电模式 3 定义

将电动汽车连接到交流电网（电源）时，使用了专用供电设备，将电动汽车与交流电网直接连接，并且在专用供电设备上安装了控制导引装置。
- ➢ 充电模式 3 使用条件
- ◆ 用于连接到交流电网的供电设备将电动汽车与交流电网连接起来的情况，并且在电动汽车供电设备上安装专用保护装置。
- ◆ 电动汽车供电设备具有一个及一个以上可同时使用的充电模式 3 连接点（供电插座）时，每个连接点应具有专用保护装置，并确保控制导引功能可独立运行。
- ◆ 充电模式 3 应具备剩余电流保护功能。
- ◆ 连接方式 A、连接方式 B、连接方式 C 适用于充电模式 3。
- ◆ 采用单相供电时，电流不大于 32 A。采用三相供电且电流大于 32 A 时，应采用连接方式 C。
- ➢ 国标解读
- ✧ 使用专用供电设备连接电动汽车至交流电网，可采用 A、B、C 三种连接方式。
- ✧ 充电模式 3 应具备剩余电流保护装置。
- ✧ 采用单相供电时，电流应不大于 32 A。
- ✧ 采用三相供电时，电流应不大于 63 A。
- ✧ 采用三相供电时，电流大于 32 A 时应采用连接方式 C。

12. 充电模式 4 使用条件

《电动汽车传导充电系统 第 1 部分：通用要求》（GB/T 18487.1—2015）对充电模式 4 的定义及使用条件如下：
- ➢ 充电模式 4 定义

将电动汽车连接到交流电网或直流电网时，使用了带控制导引功能的直流供电设备。

➢ 充电模式 4 使用条件

◆ 用于电动汽车连接到直流供电设备的情况,用于永久连接在电网(电源)的设备和通过电缆与电网(电源)连接为其供电的设备。

◆ 可直接连接至交流电网或直流电网。

◆ 仅连接方式 C 适用于充电模式 4。

➢ 国标解读

✧ 使用直流供电设备连接电动汽车至交流电网或直流电网。

✧ 充电模式 4 只能采用连接方式 C。

➢ 电动汽车交流墙充属于充电模式 1 和充电模式 2。
➢ 电动汽车交流桩充属于充电模式 3。
➢ 电动汽车直流桩充属于充电模式 4。

13. 什么是连接方式 A

《电动汽车传导充电系统 第 1 部分:通用要求》(GB/T 18487.1—2015)对连接方式 A 的定义如下:

➢ 将电动汽车和交流电网连接时,使用和电动汽车永久连接在一起的充电电缆和供电插头。

➢ 电缆组件是车辆的一部分。

连接方式 A 如图 7-7 所示。

图7-7 连接方式 A 示意图

14. 什么是连接方式 B

《电动汽车传导充电系统 第 1 部分：通用要求》（GB/T 18487.1—2015）对连接方式 B 的定义如下：
> 将电动汽车和交流电网连接时，使用带有车辆插头和供电插头的独立的活动电缆组件。
> 可拆卸电缆组件不是车辆或者充电设备的一部分。

连接方式 B 如图 7-8 所示。

图7-8　连接方式 B 示意图

15. 什么是连接方式 C

《电动汽车传导充电系统 第 1 部分：通用要求》（GB/T 18487.1—2015）对连接方式 C 的定义如下：
> 将电动汽车和交流电网连接时，使用了和充电设备永久连接在一起的充电电缆和车辆插头。
> 电缆组件是充电设备的一部分。

连接方式 C 如图 7-9 所示。

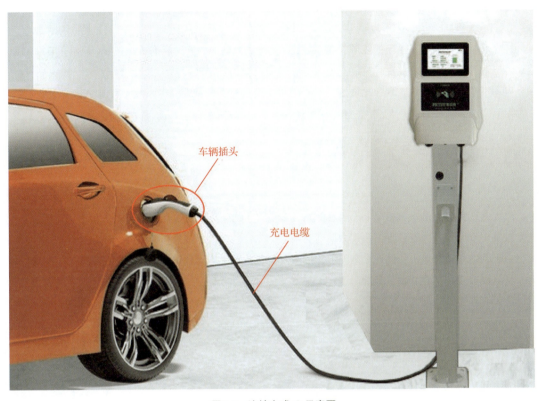

图7-9 连接方式 C 示意图

你知道吗？

- 所有充电模式和连接方式，外壳的防护等级至少为 IPXXC。
- 所有充电模式，连接方式 B 或连接方式 C，车辆插头与车辆插座耦合时，车辆插头与车辆插座的防护等级为 IPXXD。
- 充电模式 3，连接方式 A 或连接方式 B，供电插头与供电插座耦合时，供电插头与供电插座的防护等级为 IPXXD。
- 充电模式 1、充电模式 2 和充电模式 3，连接方式 B 或连接方式 C，车辆插头和车辆插座非耦合时，车辆插头与车辆插座的防护等级为 IPXXB。
- 充电模式 3，连接方式 A 或连接方式 B，供电插头和供电插座非耦合时，供电插头与供电插座的防护等级为 IPXXB。
- 充电模式 4，连接方式 C，车辆插头和车辆插座非耦合时，应采取有效措施防止人体接触直流充电针脚和套管的导体部分。

16. 充电系统类型

➢ 充电系统是电动汽车主要的能源补给系统，会根据动力电池的实时状态进行控制，开始充电或停止充电，并根据动力电池的剩余电量、温度等控制充电电流和动力电池的加热及冷却。

➢ 电动汽车的充电系统主要包括慢速充电系统（交流慢充）和快速充电系统（直流快充）。

17. 什么是交流慢充

➢ 交流慢充实际上是将 220 V（预留可扩充至 380 V）的交流电直接提供给电动汽车上的车载充电机，由车载充电机将交流电转换为直流电，为动力电池充电。

➢ 由于经过车载充电机，受到车载充电机的限制，额定最大电流不超过 32 A。

➢ 交流慢充使用的便携式充电器、壁挂式充电桩、公共交流充电桩等输出功率都很小，将动力电池充满电所需时间大约在 10 h 以上。

18. 交流慢充充电方式

交流慢充主要是通过家用 220 V 电源插座、家用壁挂式充电桩或公共交流充电桩接入电动汽车交流充电接口，通过车载充电机将 220 V 交流电转换为高压直流电给动力电池充电，如图 7-10 所示。按照充电电能来源的不同，交流慢充可分为两种方式：

➢ 交流墙充

◆ 利用随车配备的便携式充电器可以直接在有 220 V 电源插座的地方对动力电池充电。由于便携式充电器的输出功率［2.2 kW（10 A）或 3.5 kW（16 A）］较小，充电速度较慢（以额定能量 60 kWh 的动力电池为例，充满电需要 20 h 左右），一般用于应急充电。

➢ 交流桩充

◆ 利用家用壁挂式充电桩对动力电池充电。家用壁挂式充电桩安装在家里的停车位上，方便每天使用。目前，大部分车型，厂家会赠送家用壁挂式充电桩，甚至免费安装。当然，也有部分车型需要单独购买。壁挂式充电桩的输出功率比便携式充电器大 [3.5 kW（16 A）或 7 kW（32 A）]，充电速度较快（以额定能量 60 kWh 的动力电池为例，充满电需要 10 h 左右）。

◆ 利用公共交流充电桩为动力电池充电。公共交流充电桩的输出功率一般为 7 kW（32 A）。

交流桩充如图 7-10 所示。

你知道吗？

➢ 交流充电的功率取决于车载充电机的输出功率和交流充电桩的输出功率，两者取小。

➢ 交流充电的时间与交流充电桩的输出功率、车载充电机的输出功率（3.3 kW 或 6.6kW）及动力电池的额定能量有关。

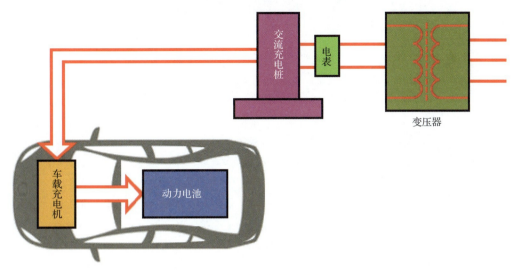

图7-10 交流桩充示意图

19. 什么是直流快充

➢ 交流充电桩没有功率转换模块，不做交流和直流转换，输出交流电至车载充电机，如图 7-10 所示，车载充电机将 220 V 交流电转换为直流电，将其输入动力电池。

➢ 直流充电桩内置功率转换模块，能将电网的交流电转换为直流电，不需要经过车载充电机，可以直接将直流电输入动力电池，如图 7-11 所示。直流充电桩的充电功率（有 30 kW、60 kW、120 kW、240 kW 及 380 kW 等功率可选，一般家用选择 30 kW 或 60 kW 的较多）相比交流充电桩大很多，电流相对较大，充电速度较快（如选择 60 kW 的直流充电桩为额定能量 60 kWh 的动力电池充电，充满电需要 1 h 左右）。

你知道吗？

➢ 直流充电的功率取决于动力电池的额定能量和直流充电桩的输出功率，两者取小。

➢ 直流充电的时间与直流充电桩的输出功率及动力电池的额定能量有关。

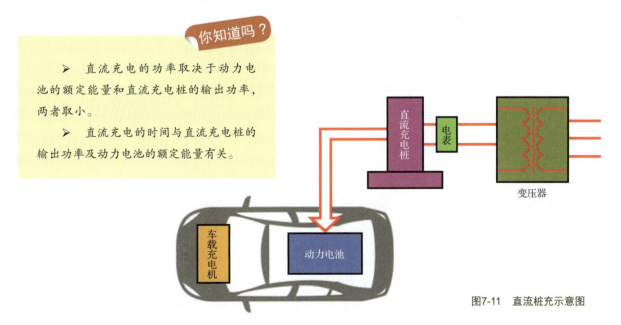

图7-11 直流桩充示意图

20. 什么是换电版动力电池

> 充电桩对于电动汽车来说就和加油站对于传统燃油车的意义一样,传统燃油车的加油时间仅需要几分钟。目前,无论是交流充电桩,还是直流充电桩,都无法满足特定车型对电动汽车充电时间的要求,如电动出租车、电动物流车等。因此,各大汽车厂家针对特定车型相继推出了换电版动力电池。

> 将电动出租车开到换电站,更换一块充满电的电池仅需要几分钟,比燃油车加油还快,不仅可以提高运营效率,还可以实现出租车双班运营,提高了出租车公司的效益。对于更换下来的动力电池,可以在用电低谷时段为其充电,以降低充电成本,提高车辆运行的经济性。

21. 充电接口包括几部分

《电动汽车传导充电用连接装置 第1部分:通用要求》(GB/T 20234.1—2015)定义的术语如下:

> 充电连接装置

电动汽车充电时,连接电动汽车和电动汽车供电设备的组件,除电缆外,还可能包括供电接口、车辆接口、缆上控制保护装置和帽盖等部件。

> 充电接口

充电连接装置中,除电缆、缆上控制保护装置(如果有)之外的部件,包括供电接口和车辆接口。

- 供电接口
  - 供电接口是能将电缆连接到电源或电动汽车供电设备的器件,由供电插头和供电插座组成。
  - 供电插座:供电接口中和电源供电线缆与供电设备连接在一起且固定安装的部分。
  - 供电插头:供电接口中和充电线缆连接且可以移动的部分。
- 车辆接口
  - 车辆接口是能将电缆连接到电动汽车的器件,由车辆插头和车辆插座组成。
  - 车辆插座:车辆接口中固定安装在电动汽车上,并通过电缆和车载充电机或车载动力电池相互连接的部分。
  - 车辆插头:车辆接口中和充电线缆连接且可以移动的部分。

22. 交流充电接口触头

> 《电动汽车传导充电用连接装置 第2部分:交流充电接口》(GB/T 20234.2—2015)规定,车辆接口和充电模式3的供电接口分别包含7对触头。在我国境内销售的电动汽车的接口都按照此标准设计开发。

➢ 车辆/供电插头的布置方式如图 7-12 所示，车辆/供电插座的触头布置方式如图 7-13 所示。

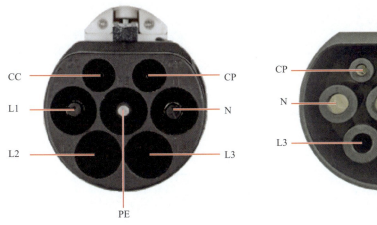
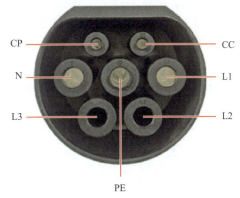

图7-12 车辆/供电插头触头布置图　　图7-13 车辆/供电插座触头布置图

23. 交流充电接口功能

➢ 《电动汽车传导充电用连接装置 第 2 部分：交流充电接口》（GB/T 20234.2—2015）规定了供电接口、车辆接口的形状及端子定义等。在我国境内销售的电动汽车的接口都按照此标准设计开发。

➢ 电动汽车传导充电用的交流充电接口，其额定电压不超过 440 V（AC），频率 50 Hz，额定电流不超过 63A（AC）。

➢ 车辆接口和充电模式 3 的供电接口分别包含 7 对触头，其电气参数值及功能定义如表 7-1 所示。

表7-1 触头电气参数值及功能定义

触头编号/标识	额定电压和额定电流	功能定义
1——（L1）	250 V 10A/ 16A/ 32A	交流电源（单相）
	440 V 16A/ 32A/ 63A	交流电源（三相）
2——（L2）	440 V 16A/ 32A/ 63A	交流电源（三相）
3——（L3）	440 V 16A/ 32A/ 63A	交流电源（三相）
4——（N）	250 V 10A/ 16A/ 32A	中线（单相）
	440 V 16A/ 32A/ 63A	中线（三相）
5——（⏚）	—	保护接地（PE），连接供电设备地线和车辆电平台
6——（CC）	0 V～30 V 2A	充电连接确认
7——（CP）	0 V～30 V 2A	控制导引

24. 交流充电连接界面

➢ 在交流充电连接过程中，保护接地触头（PE）最先接通，之后交流电源触头（L/N）接通，充电连接确认触头（CC）和控制导引触头（CP）最后接通；与之对应，在脱开过程中，首先断开 CC 和 CP，之后断开 L/N，最后断开 PE。

◆ 充电模式 3 的供电接口电气连接界面如图 7-14 所示。

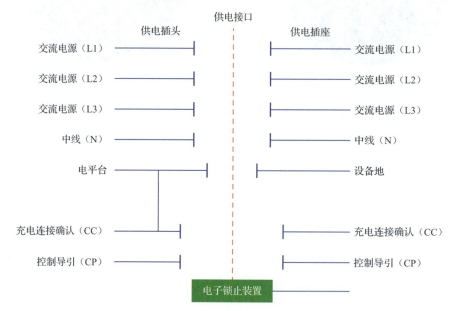

图7-14 充电模式3供电接口电气连接界面示意图

◆ 车辆接口的电气连接界面如图 7-15 所示。

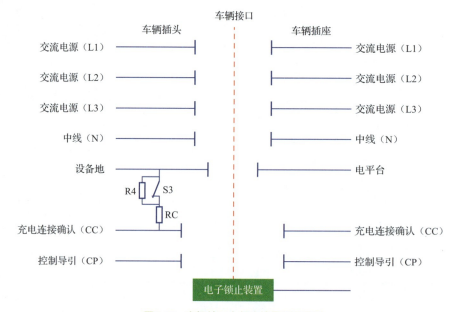

图7-15 车辆接口电气连接界面示意图

25. 交流充电控制导引电路原理

> 充电模式3

◆ 当电动汽车使用充电模式3进行交流慢充时,应使用连接方式A、连接方式B、连接方式C(图7-16 ~ 图7-18)所示的控制导引电路进行充电电缆的连接确认及额定电流参数的判断。

◆ 控制导引电路由以下部分组成:供电控制单元;接触器K1、K2;电阻R1、R2、R3、R4、RC;二极管D1;开关S1、S2、S3;车载充电机;车辆控制单元。

◇ 车辆控制单元可以集成在车载充电机或其他车载控制单元中。

◇ 电阻R4、RC安装在车辆插头上。

◇ 开关S1为交流充电桩内部开关。

◇ 开关S2为电动汽车内部开关。在车辆接口与供电接口完全连接,并且配置电子锁的接口被完全锁止后,当车载充电机自检完成后无故障,并且动力电池处于可充电状态时,S2闭合(如果车辆设置有"充电请求"或"充电控制"功能,则应同时满足车辆处于"充电请求"或"可充电"状态)。

◇ 开关S3为车辆插头的内部常闭开关,与插头上的下压按钮(用以触发机械锁止装置)联动,按下按钮、解除机械锁止功能的时候,S3处于断开状态。

> 你知道吗?

> 控制导引电路中可以不配置开关S2,无开关S2的车辆应采用单相充电方式,且最大充电电流不超过8A。

> 对于未配置开关S2的控制导引电路,等同于开关S2为常闭状态。

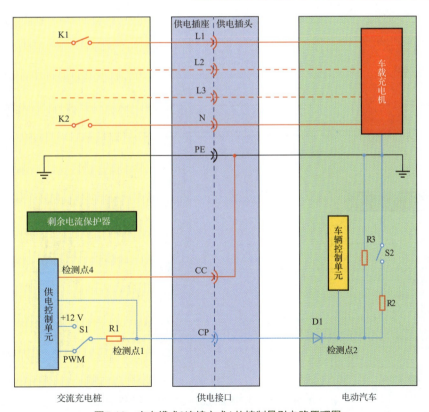

图7-16 充电模式3连接方式A的控制导引电路原理图

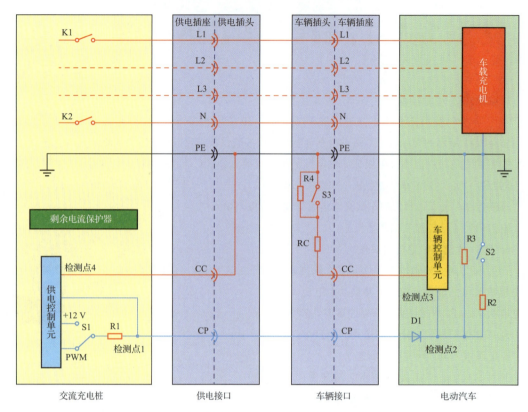

图7-17 充电模式3连接方式B的控制导引电路原理图

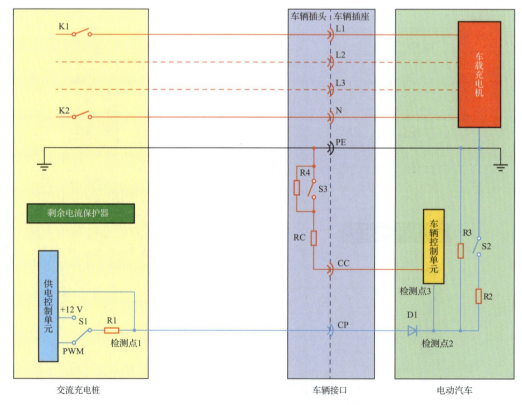

图7-18 充电模式3连接方式C的控制导引电路原理图

➤ 充电模式2

当电动汽车使用充电模式2的连接方式B进行交流慢充时，推荐使用如图7-19所示的控制导引电路进行充电电缆的连接确认及额定电流参数的判断。

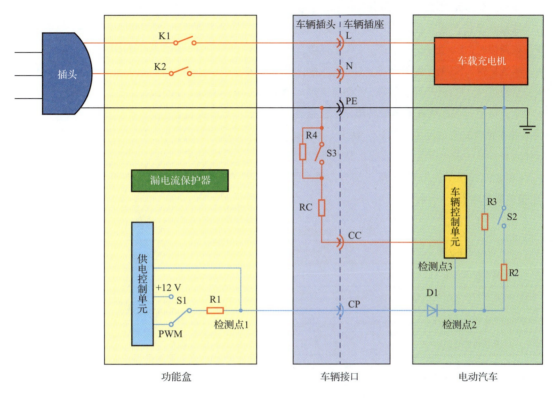

图7-19　充电模式2连接方式B的控制导引电路原理图

26. 如何判断交流供电枪是否连接

➤ 供电控制单元通过测量检测点4或检测点1的电压值来判断供电插头（供电枪）与供电插座是否完全连接（对于充电模式3的连接方式A和连接方式B）。

◆ 通过检测点4判断，如充电模式3连接方式A的控制导引电路原理图（图7-16）所示。

✧ 未连接时，CC未连接，检测点4与PE之间未导通。

✧ 全连接时，CC已连接，检测点4与PE之间导通。

◆ 全连接后，如供电插座内配备电子锁止装置，供电插座内电子锁止装置应在开始供电（K1与K2闭合）前锁定供电插头并在整个充电过程中保持这一状态。如不能锁定，则终止充电流程并提示操作人员。

27. 如何判断交流充电枪是否连接

➢ 车辆控制单元通过测量检测点 3 与 PE 之间的电阻值来判断车辆插头（充电枪）与车辆插座是否完全连接（对于连接方式 B 和连接方式 C），如充电模式 3 连接方式 B 的控制导引电路原理图（图 7-17）所示。
◆ 未连接时，S3 处于闭合状态，CC 未连接，检测点 3 与 PE 之间的电阻值为无穷大。
◆ 半连接时，S3 处于断开状态，CC 已连接，检测点 3 与 PE 之间的电阻值为 RC+R4。
◆ 全连接时，S3 处于闭合状态，CC 已连接，检测点 3 与 PE 之间的电阻值为 RC。
➢ 全连接后，如车辆插座内配备电子锁止装置，则电子锁止装置应在开始供电（K1 与 K2 闭合）前锁定车辆插头并在整个充电过程中保持这一状态。如不能锁定，则由电动车辆决定下一步操作。例如，继续充电，通知操作人员并等待进一步指令，或终止充电流程。
➢ 《电动汽车传导充电系统 第 1 部分：通用要求》（GB/T 18487.1—2015）对充电枪连接状态及 RC 与 R4 电阻值的要求如表 7-2 所示。

表7-2 充电枪连接状态及RC与R4电阻值

充电枪连接状态	S3	RC	R4
充电枪未连接	—	—	—
机械锁止装置处于解锁状态	断开	—	—
充电枪全连接	闭合	1500 Ω/ 0.5 W[a]	—
充电枪半连接	断开	1500 Ω/ 0.5 W[a]	1800 Ω/ 0.5 W[b]
充电枪全连接	闭合	680 Ω/ 0.5 W[a]	—
充电枪半连接	断开	680 Ω/ 0.5 W[a]	2700 Ω/ 0.5 W[b]
充电枪全连接	闭合	220 Ω/ 0.5 W[a]	—
充电枪半连接	断开	220 Ω/ 0.5 W[a]	3300 Ω/ 0.5 W[b]
充电枪全连接	闭合	100 Ω/ 0.5 W[a]	—
充电枪半连接	断开	100 Ω/ 0.5 W[a]	3300 Ω/ 0.5 W[b]

a、b 电阻RC、R4的精度为±3%。

28. 如何判断交流充电电缆是否连接

➢ 供电枪完全连接之后再连接充电枪，此时充电电缆被完全连接。那么，控制装置是如何判断充电电缆是否完全连接呢？
◆ 供电控制单元通过测量检测点 1 的电压值来判断充电电缆是否完全连接。
◆ 车辆控制单元通过测量检测点 2 的电压值来判断充电电缆是否完全连接。
检测点 1 与检测点 2 的电压值如表 7-3 所示。

表7-3 检测点1与检测点2的电压值

充电电缆连接状态	S2	车辆是否可以充电	检测点1电压	检测点2电压
未连接	断开	否	12 V	0 V
已连接	断开	否	9 V	9 V

29. 如何确认交流充电电缆设计最大电流

➢ 车辆控制单元通过测量检测点 3 与 PE 之间的电阻值来确认当前充电电缆设计的最大电流，即当充电枪全连接时，车辆控制单元通过测量检测点 3 与 PE 之间的 RC 电阻值来确认当前充电电缆设计最大电流。

➢《电动汽车传导充电系统 第 1 部分：通用要求》（GB/T 18487.1—2015）规定的对 RC 电阻值与充电电缆设计最大电流的对应关系如表 7-4 所示。

表7-4 RC电阻值与充电电缆设计最大电流的对应关系

RC电阻值	充电电缆设计最大电流
1500 Ω	10 A
680 Ω	16 A
220 Ω	32 A
100 Ω	63 A

➢ 可用万用表电阻挡测量充电枪 CC 与 PE 触头之间的电阻值。
➢ 未按下充电枪上的下压按钮时所测电阻值即为 RC 电阻值。

30. 如何确认交流充电桩最大供电电流

➢ 车辆控制单元通过测量检测点 2 的 PWM 信号占空比，来确认当前交流充电桩的最大供电电流。

31. 交流慢充是如何工作的

➢ 将供电插头（供电枪）插入供电插座内，PE 最先接通，之后 L/N 接通，CC 和 CP 最后接通。此时，检测点 4 与 PE 之间导通，供电控制单元通过 CC 判断供电插头（供电枪）已连接，供电接口端连接完毕。

➢ 将车辆插头（充电枪）插入车辆插座内，PE 最先接通，之后 L/N 接通，CC 和 CP 最后接通。此时，由于充电枪上的下压按钮被按下，S3 开关处于断开状态。

➢ S3 开关处于断开状态，检测点 1 的电压由 12 V 变为 9 V，供电控制单元确认充电电缆已连接。检测点 2 的电压由 0 V 变为 9 V，车辆控制单元确认充电电缆已连接。

➢ 供电控制单元确认充电电缆已连接后，S1 开关由 +12 V 端切换到 PWM 端，检测点 1 的电压由 9 V 直流电压变为 9 V PWM 波信号，表示交流充电桩准备就绪。

➢ 松开充电枪上的下压按钮，S3 开关处于闭合状态。此时，检测点 3 与 PE 之间的电阻值为 RC，车辆控制单元通过 CC 判断车辆插头（充电枪）全连接，车辆接口端连接完毕。

➢ 在车载充电机自检完成，且没有故障，并且动力电池处于可充电状态时，车辆控制单元闭合 S2 开关，表示电动汽车准备就绪，请求充电。

➢ 闭合 S2 开关后，检测点 1 会从 9 V PWM 波信号变为 6 V PWM 波信号。

➢ 供电控制单元通过检测点 1 检测到 6 V PWM 波信号后确认电动汽车准备就绪，则供电控制单元通过闭合 K1 和 K2 接触器使交流供电回路导通。

➢ 当电动汽车和交流充电桩建立电气连接后，车辆控制单元通过测量检测点 2 的 PWM 信号占空比确认交流充电桩的最大供电电流，并且通过测量检测点 3 与 PE 之间的 RC 电阻值来确认充电电缆设计最大电流。

➢ 车辆控制单元对交流充电桩当前提供的最大供电电流值、车载充电机的额定输入电流值及充电电缆设计最大电流值进行比较，将其最小值设定为车载充电机当前最大允许输入电流。

➢ 当车辆控制单元确认充电电缆已连接，并完成车载充电机最大允许输入电流设置后，车载充电机开始为动力电池充电。

➢ 在充电过程中，车辆控制单元对检测点 2 的 PWM 信号占空比进行不间断检测（检测周期不应大于 5 s），当占空比有变化时，车辆控制单元根据占空比实时调整车载充电机的输出功率。

图 7-20 为交流慢充控制导引电路原理图。

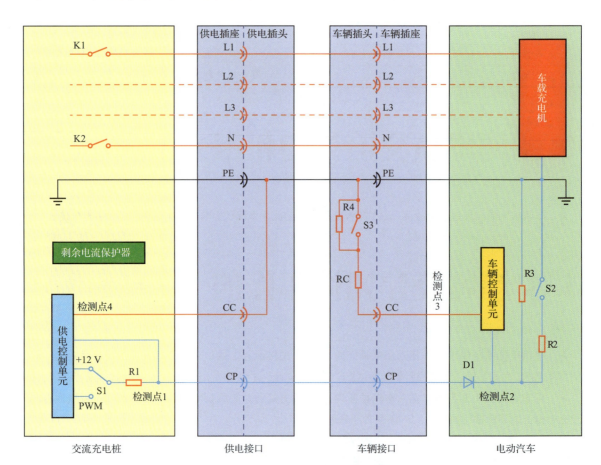

图7-20　交流慢充控制导引电路原理图

32. 控制导引电路中的电阻值是多少

➢ 《电动汽车传导充电系统 第1部分：通用要求》（GB/T 18487.1—2015）对控制导引电路中 R1、R2、R3 电阻值的要求如表 7-5 所示。

表7-5 控制导引电路中R1、R2、R3电阻值

参数	符号	单位	标称值	最大值	最小值
R1等效电阻	R1	Ω	1000	1030	970
R2等效电阻	R2	Ω	1300	1339	1261
R3等效电阻	R3	Ω	2740	2822	2658

33. 正常条件下如何控制交流慢充结束或停止

➢ 在充电过程中，当达到车辆设置的结束条件或者驾驶员对车辆实施了停止充电的指令时，车辆控制单元断开 S2 开关，并使车载充电机处于停止充电状态。

➢ 在充电过程中，当达到操作人员设置的结束条件、操作人员对交流充电桩发出了停止充电的指令时，供电控制单元将开关 S1 切换到 +12 V 端。

➢ 当检测到 S2 开关断开时，在 100 ms 内通过断开 K1 和 K2 接触器切断交流供电回路；超过 3 s 未检测到 S2 开关断开，则可以强制带载断开 K1 和 K2 接触器，切断交流供电回路。

➢ 采用连接方式 A 或连接方式 B 时，供电接口电子锁止装置在交流供电回路切断 100 ms 后解锁。

34. 非正常条件下如何控制交流慢充结束或停止

➢ 在充电过程中，车辆控制单元通过检测 PE 与检测点 3 之间的电阻值（对于连接方式 B 和连接方式 C）来判断车辆插头（充电枪）和车辆插座的连接状态，如判断 S3 开关由闭合变为断开，则车辆控制单元控制车载充电机在 100 ms 内停止充电，然后断开 S2 开关。

➢ 在充电过程中，车辆控制单元通过检测 PE 与检测点 3 之间的电阻值（对于连接方式 B 和连接方式 C）

来判断车辆插头（充电枪）和车辆插座的连接状态，如判断车辆插头（充电枪）断开，则车辆控制单元控制车载充电机停止充电，然后断开 S2 开关。

➤ 在充电过程中，车辆控制单元对检测点 2 的 PWM 信号进行检测，当信号中断时，车辆控制单元控制车载充电机在 3 s 内停止充电，然后断开 S2 开关。

➤ 在充电过程中，如检测点 1 的电压值为 12 V、9 V 或者其他非 6 V 的状态，则供电控制单元应在 100 ms 内断开交流供电回路。

➤ 在充电过程中，供电控制单元对检测点 4 进行检测（对于充电模式 3 的连接方式 A 和连接方式 B），如检测到供电插头（供电枪）断开，则供电控制单元控制 S1 开关切换到 +12 V 端并在 100 ms 内断开交流供电回路。

➤ 在充电过程中，如剩余电流保护器（漏电断路器）产生动作，则车载充电机处于失电状态，车辆控制单元断开 S2 开关。

➤ 交流充电桩检测车载充电机实际工作电流，当充电桩 PWM 信号对应的最大供电电流 ≤ 20 A，且车载充电机实际工作电流超过最大供电电流 +2 A 并保持 5 s 时，或充电桩 PWM 信号对应的最大供电电流 > 20 A，且车载充电机实际工作电流超过最大供电电流的 1.1 倍并保持 5 s 时，充电桩应在 5 s 内断开输出电源并控制 S1 开关切换到 +12 V 端。

➤ 当车辆 S2 开关断开（检测点 1 的电压值为 9 V）时，供电控制单元应在 100ms 内断开交流供电回路，持续输出 PWM。

➤ 在供电插头（供电枪）已完全连接但未闭合交流供电回路时，如发生连接异常，则供电控制单元应在 100 ms 内控制 S1 开关切换到 +12 V 端且不闭合交流供电回路。

35. 直流充电接口触头

➤ 《电动汽车传导充电用连接装置 第 3 部分：直流充电接口》（GB/T 20234.3—2015）规定，车辆插头和车辆插座分别包含 9 对触头。在我国境内销售的电动汽车的车辆接口都按照此标准设计开发。

➤ 车辆插头触头布置方式如图 7-21 所示。车辆插座触头布置方式如图 7-22 所示。

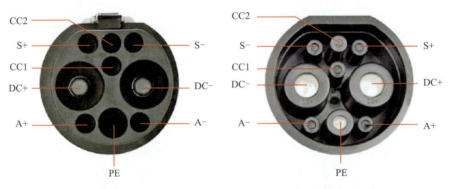

图 7-21　车辆插头触头布置图　　　　图 7-22　车辆插座触头布置图

36. 直流充电接口功能

> 《电动汽车传导充电用连接装置 第 3 部分：直流充电接口》（GB/T 20234.3—2015）规定了车辆直流接口的形状及端子定义等。在我国境内销售的电动汽车的车辆接口都按照此标准设计开发。
> 电动汽车传导充电用的直流充电接口，其额定电压不超过 1000 V，额定电流不超过 250 A。
> 车辆插头和车辆插座分别包含 9 对触头，其电气参数值及功能定义如表 7-6 所示。

表7-6 触头电气参数值及功能定义

触头编号与标识	额定电压和额定电流	功能定义
1——（DC+）	750 V/ 1000 V 80 A/ 125 A/ 200 A/ 250 A	直流电源正，连接直流电源正与电池正极
2——（DC-）	750 V/ 1000 V 80 A/ 125 A/ 200 A/ 250 A	直流电源负，连接直流电源负与电池负极
3——（⏚）	—	保护接地（PE），连接供电设备地线和车辆电平台
4——（S+）	0 V～30 V 2 A	充电通信CAN_H，连接非车载充电机与电动汽车的通信线
5——（S-）	0 V～30 V 2 A	充电通信CAN_L，连接非车载充电机与电动汽车的通信线
6——（CC1）	0 V～30 V 2 A	充电连接确认
7——（CC2）	0 V～30 V 2 A	充电连接确认
8——（A+）	0 V～30 V 20 A	低压辅助电源正，连接非车载充电机为电动汽车提供的低压辅助电源
9——（A-）	0 V～30 V 20 A	低压辅助电源负，连接非车载充电机为电动汽车提供的低压辅助电源

37. 直流充电连接界面

> 车辆插头和车辆插座在连接过程中，触头耦合的顺序为：保护接地 PE→充电连接确认 CC2→直流电源 DC+ 与 DC-→低压辅助电源 A+ 与 A-→充电通信 CAN_H 与 CAN_L→充电连接确认 CC1。在脱开的过程中顺序相反。
> 直流充电的车辆接口电气连接界面如图 7-23 所示。

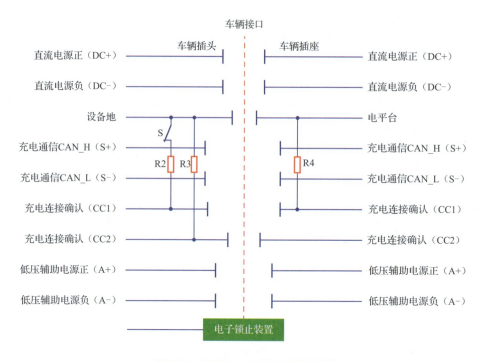

图7-23　车辆接口电气连接界面示意图

38. 直流充电控制导引电路原理

➤ 直流充电安全保护系统基本方案包括直流充电桩控制器，电阻 R1、R2、R3、R4、R5，开关 S，直流供电回路接触器 K1 和 K2，低压辅助供电回路接触器 K3 和 K4，充电回路接触器 K5 和 K6 及车辆控制单元。

◆ 直流充电控制导引电路原理图如图 7-24 所示。

◆ 车辆控制单元可以集成在电池管路系统中。

◆ 电阻 R2 和 R3 安装在车辆插头上。

◆ 电阻 R4 安装在车辆插座上。

◆ 开关 S 为车辆插头的内部常闭开关，当车辆插头与车辆插座完全连接后，开关 S 闭合。

➤ 在整个充电过程中，直流充电桩控制器应能监测接触器 K1 和 K2、接触器 K3 和 K4。车辆控制单元应能监测接触器 K5 和 K6 状态并控制其接通及关断。

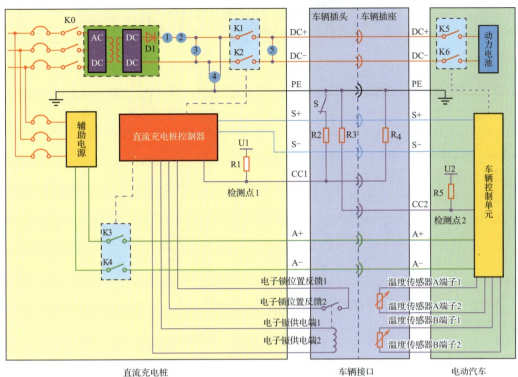

①电流测量　②熔断器　③泄放电路　④IMD（绝缘检测）电路　⑤电压测量

图7-24　直流充电控制导引电路原理图

39. 直流充电控制导引电路参数值

直流充电控制导引电路参数值如表7-7所示。

表7-7　直流充电控制导引电路参数值

对象	参数[a]	符号	单位	标称值	最大值	最小值
直流充电桩	R1等效电阻	R1	Ω	1000	1030	970
	上拉电压	U1	V	12	12.6	11.4
	检测点1电压	U1a	V	12	12.8	11.2
		U1b	V	6	6.8	5.2
		U1c	V	4	4.8	3.2
车辆插头	R2等效电阻	R2	Ω	1000	1030	970
	R3等效电阻	R3	Ω	1000	1030	970
车辆插座	R4等效电阻	R4	Ω	1000	1030	970
电动汽车	R5等效电阻	R5	Ω	1000	1030	970
	上拉电压	U2[b]	V	12	12.6	11.4
	检测点2电压	U2a[b]	V	12	12.8	11.2
		U2b[b]	V	6	6.8	5.2

[a] 在使用环境条件下和可用寿命内要保持精度范围
[b] 上拉电压U2和检测点2电压车辆厂家可自定义

40. 直流充电电路原理是什么

➢ 在直流充电桩端和电动汽车端均设置 IMD（绝缘检测）电路，从供电接口连接到 K5、K6 合闸充电之前，由直流充电桩负责充电桩内部（含充电电缆）的绝缘检测；充电桩端的 IMD 回路通过开关从充电直流回路断开，且在 K5、K6 合闸之后的充电过程中，由电动汽车负责整个系统的绝缘检测。充电直流回路 DC+、PE 之间的绝缘电阻与 DC-、PE 之间的绝缘电阻（两者取小值 R）：

- 当 $R > 500 \Omega/V$ 时，视为安全。
- 当 $100 \Omega/V < R \leq 500 \Omega/V$ 时，宜进行绝缘异常报警，但仍可正常充电。
- 当 $R \leq 100 \Omega/V$ 时，视为绝缘故障，应停止充电。

➢ 直流充电桩进行绝缘检测后，应及时对充电输出电压进行泄放，避免在充电阶段对电流负载产生电压冲击。充电结束后，直流充电桩应及时对充电输出电压进行泄放，避免对操作人员造成电击伤害。泄放回路的参数选择应保证在充电连接器断开后 1 s 内将供电接口电压降到 60 V（DC）以下。

➢ 因停电等原因，充电回路或控制回路失去电力时，直流充电桩在 1s 以内断开 K1、K2 或通过泄放回路在 1s 以内将充电接口电压降到 60 V（DC）以下。

41. 如何判断直流充电枪是否连接

➢ 《电动汽车传导充电用连接装置 第 3 部分：直流充电接口》（GB/T 20234.3—2015）将 CC1 与 CC2 端子的功能定义为充电连接确认。为便于大家理解，依据直流充电控制导引电路原理图画出了 CC1 与 CC2 检测电路原理图。控制器根据 CC1、CC2 电压值的变化确认车辆插头（充电枪）是否连接。

- CC1：直流充电桩控制器根据 CC1（检测点 1）的电压值变化确认车辆插头与车辆插座是否完全连接。
- CC2：车辆控制单元根据 CC2（检测点 2）的电压值变化确认车辆插头与车辆插座是否完全连接。
- 充电枪在不同连接状态下 CC1、CC2 电压值的变化如表 7-8 所示。

表7-8 充电枪在不同状态下CC1、CC2电压值的变化

充电枪连接状态	开关S状态	可否充电	CC1电压值	CC2电压值
未连接	闭合	否	12 V	12 V
半连接	断开	否	6 V	6 V
全连接	闭合	可	4 V	6 V

➢ 需要说明的是：

- 电阻 R1、R2、R3 安装在充电桩及车辆插头内，而充电桩及车辆插头可以对任何品牌的电动汽车进行直流充电。所以，三个电阻的阻值均为 GB/T 18487.1—2015 中规定的 1000Ω。
- 电阻 R4 位于车辆插座内，直流充电桩判断充电枪连接状态会使用电阻 R4。所以，R4 的阻值也为 GB/T 18487.1—2015 中规定的 1000Ω。
- 在控制导引参数中，对于上拉电压 U2 和检测点 2（CC2）电压，车辆厂家可自定义。自定义有以下两个方式可供选择：

- ✧ 不采用 GB/T 18487.1-2015 中规定的 12 V。
- ✧ R5 的阻值不采用 GB/T 18487.1—2015 中规定的 1000Ω。
- ✧ 如厂家自定义后，上拉电压 U2 和检测点 2（CC2）电压会与表 7-8 所示不同。

CC1 检测电路原理如图 7-25 所示。

CC2 检测电路原理如图 7-26 所示。

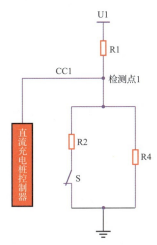
图7-25　CC1检测电路原理图

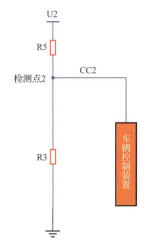
图7-26　CC2检测电路原理图

你知道吗？

- ➢ 电阻 R1 安装在直流充电桩内，标称电阻值为 1000 Ω。
- ➢ 电阻 R2 安装在车辆插头内，标称电阻值为 1000 Ω。
- ➢ 电阻 R3 安装在车辆插头内，标称电阻值为 1000 Ω。
- ➢ 电阻 R4 安装在车辆插座内，标称电阻值为 1000 Ω。
- ➢ 电阻 R5 安装在电动车辆内，标称电阻值为 1000 Ω。
- ➢ 开关 S 是车辆插头的内部常闭开关，与插头上的下压按钮（用以触发机械锁止装置）联动。在按下按钮解除机械锁止功能的同时，开关 S 处于断开状态。
    - ◆ 未连接：车辆插头未插入车辆插座内。
    - ◆ 半连接：车辆插头完全插入车辆插座内，但车辆插头上的按钮被按下，开关 S 断开。
    - ◆ 全连接：车辆插头完全插入车辆插座内，未按下车辆插头上的按钮，开关 S 闭合。

图 7-27 所示为车辆插头（充电枪）。

图7-27　车辆插头（充电枪）

42. 直流快充是如何工作的

➢ 操作人员对直流充电桩进行充电设置后，直流充电桩控制器通过测量检测点 1 的电压值判断车辆插头（充电枪）与车辆插座是否已完全连接，当检测点 1 的电压值为 4 V 时，判断车辆接口完全连接。

➢ 在车辆接口完全连接后，闭合 K3 和 K4，使低压辅助供电回路导通；闭合 K1 和 K2，进行绝缘检测，绝缘检测时的输出电压应为车辆通信握手报文内的最高允许充电总电压和直流充电桩额定电压中的较小值；绝缘检测完成后，将 IMD 以物理方式从强电回路中分离，并投入泄放回路，对充电输出电压进行泄放；直流充电桩完成自检后断开 K1 和 K2，同时开始周期发送通信握手报文。如车辆需要使用直流充电桩提供低压辅助电源，则在得到直流充电桩提供的低压辅助电源供电后，车辆控制单元通过测量检测点 2 的电压值判断车辆接口是否已完全连接；如车辆不需要使用直流充电桩提供低压辅助电源，则直接测量检测点 2 的电压值，判断车辆接口是否已完全连接。如检测点 2 的电压值为 6 V，则判断车辆接口完全连接，车辆控制单元开始周期发送通信握手报文。

➢ 车辆控制单元与直流充电桩控制器在配置阶段时，车辆控制单元闭合 K5 和 K6，使充电回路导通；直流充电桩控制器检测到车辆端动力电池电压正常后闭合 K1 和 K2，使直流供电回路导通。

➢ 在充电阶段，车辆控制单元向直流充电桩控制器实时发送动力电池充电需求参数，充电桩控制器根据动力电池充电需求参数实时调整充电电压和充电电流。此外，车辆控制单元和直流充电桩控制器还相互发送各自的状态信息。在充电过程中，车辆端应能检测 PE 针断线。

43. 正常条件下如何控制直流快充结束

➢ 车辆控制单元根据动力电池是否达到满充状态或是否收到"充电机终止充电报文"来判断是否结束充电。

◆ 在满足以上充电结束条件时，车辆控制单元开始周期发送"车辆控制单元（或电池管理系统）终止充电报文"，在确认充电电流小于 5 A 后断开 K5 和 K6。

◆ 当达到操作人员设定的充电结束条件或收到"车辆控制单元（或电池管理系统）终止充电报文"后，直流充电桩控制器周期发送"充电机终止充电报文"，并控制充电机停止充电；以不小于 100 A/s 的速率降低充电电流，当充电电流小于或等于 5 A 时，断开 K1 和 K2。

◆ 当操作人员实施停止充电指令时，直流充电桩控制器开始周期发送"充电机终止充电报文"，并控制充电机停止充电；在确认充电电流小于 5 A 后断开 K1、K2，并再次投入泄放回路，然后断开 K3、K4。

44. 非正常条件下如何控制直流快充终止

➢ 在充电过程中，如直流充电桩出现不能继续充电的故障，则向车辆周期发送"充电机终止充电报文"，并控制充电机停止充电，在 100 ms 内断开 K1、K2、K3 和 K4。

➢ 在充电过程中，如车辆出现不能继续充电的故障，则向直流充电桩发送"车辆终止充电报文"，并在 300 ms（由车辆根据故障严重程度决定）内断开 K5 和 K6。

➢ 在充电过程中，直流充电桩控制器如发生通信超时，直流充电桩则停止充电，在 10 s 内断开 K1、K2、K5、K6；直流充电桩控制器发生 3 次通信超时即确认通信中断，直流充电桩停止充电，在 10 s 内断开 K1、K2、K3、K4、K5、K6。

➢ 在充电过程中，直流充电桩控制器对检测点 1 的电压进行检测，如判断开关 S 由闭合变为断开，则在 50 ms 内将输出电流降至 5 A 或以下。

➢ 在充电过程中，直流充电桩控制器对检测点 1 的电压进行检测，如判断车辆接口由完全连接变为断开，则控制直流充电桩停止充电，在 100 ms 内断开 K1、K2、K3、K4。

➢ 在充电过程中，直流充电桩输出电压如大于车辆最高允许充电总电压，则在 1 s 内停止充电，并断开 K1、K2、K3、K4。

第八章 热泵空调系统

1. 电动汽车冬天采暖方式

➢ 在北方的冬天,如车厢里没有暖风,就像冰窖一样。对燃油车来说,在汽车行驶一定的路程后,发动机产生的热量足以满足车内的需求。但是,电动汽车没有发动机,冬天如何采暖呢?

◆ 电动汽车在冬天采暖的方式有两种:
◇ 高压 PTC
◇ 热泵空调
◆ 高压 PTC 采暖又可以分为两种方式:
◇ 风暖 PTC
◇ 水暖 PTC

> **你知道吗?**
>
> ➢ 需要采暖时,空调控制单元根据室外温度信息来控制电动压缩机或高压 PTC 工作,从而实现热泵空调采暖或高压 PTC 采暖。
>
> ➢ 室外温度过低,如低于 -8℃时,电动压缩机可能无法工作,此时由高压 PTC 单独采暖

2. 风暖 PTC 如何采暖

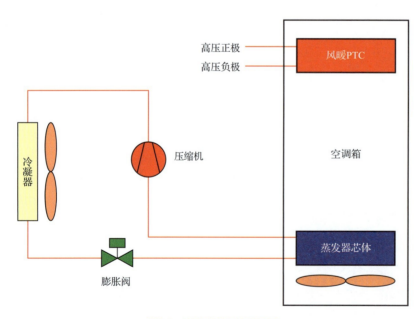

图8-1 风暖PTC加热原理图

➢ 如图 8-1 所示,用风暖 PTC 采暖是把传统燃油车的暖风芯体变成风暖 PTC,用电加热风暖 PTC 和空调箱中的空气进行热交换,从而达到采暖的目的,可以将其简单类比成家用取暖器"小太阳"。

➢ PTC 本身的消耗加上热交换的消耗,电加热性能系数(COP)一定小于 1,也就是 1 kW 的电能产生的暖风热量基本为 0.9 kW 甚至更低。高压电在驾驶室内,存在安全隐患,热风的出风温度不均匀会导致采暖整体感受较差。

3. 水暖 PTC 如何采暖

> 从图 8-2 可以看出，水暖 PTC 采暖系统的空调箱基本没有变动，还是采用暖风芯体，只是在暖风芯体前面增加电动水泵和高压水暖 PTC，用电加热水，加热的水经过暖风芯体与空调箱中的空气进行热交换，从而达到采暖的目的。

> 这种方案比风暖 PTC 安全，因为水暖 PTC 被放在驾驶室外。但是，加热水会导致采暖速度特别慢，同时热水在流动过程中会增加热量的损耗。所以，水暖 PTC 的性能系数比风暖 PTC 的低，只有 0.8 左右或者更低，也就是 1kW 的电能产生的暖风热量只有 0.8 kW 或者更低。

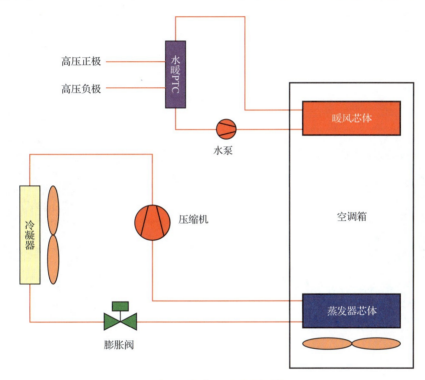

图8-2 水暖PTC加热原理图

图 8-3 所示为水暖 PTC 加热管路。

图8-3 水暖PTC加热管路

4. 什么是热泵空调

目前,越来越多的电动汽车采用热泵空调(如图 8-4 所示),在冬季给车内送进暖风,从而达到采暖的目的。在北方,家用空调就是采用夏季能制冷、冬季能制热的热泵空调技术。

> 燃油车采用的单冷空调是一种只在夏季制冷的设备。

> 热泵空调与单冷空调的循环原理基本相同,只是在系统中增加了电磁换向阀,用来转换制冷剂的流向。

> 热泵空调与单冷空调的结构基本相同,它是利用空调在夏季制冷的原理,即空调在夏季时,在室内制冷,向室外散热;在秋季、冬季制热时,与夏季相反,在室内制热,在室外制冷,以此达到采暖的目的。

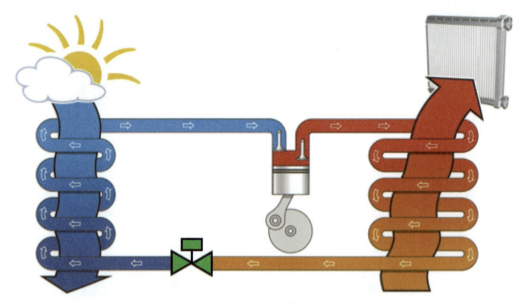

图8-4 热泵空调示意图

5. 为什么采用热泵空调

前面讲到的 PTC 是 "positive temperature coefficient" 的缩写,意思是"正的温度系数",泛指正的温度系数很大的半导体材料或元器件。简单地说,就是通过给热敏电阻通电,使电阻发热来提高温度。我们在日常生活中用到的电烫斗、卷发烫发器等,都是根据这个原理。

> PTC 制热最主要的问题就是耗电,进而影响电动汽车续航里程。以一个 2 kW 的 PTC 为例,全功率工作 1 小时要消耗 2 kWh 电。如果按一辆车行驶 100 km 耗电 15 kWh 计,2 kWh 就将损失 13 km 的续航里程。很多北方车主抱怨电动汽车续航里程缩水太多,部分原因就在于 PTC 制热耗电上。再加上冬天天气寒冷,动力电池内的物质活性下降,放电效率不高,续航里程也因此降低。

> PTC 可以说是将电能转化为热能,是制造热量。所以,无论是水暖 PTC 还是风暖 PTC,它们的性能系数都在 0.9 以下,也就是 1 kW 的电能产生的暖风热量只有 0.9 kW 或者更低。

➢ 热泵空调是搬运热量，其性能系数在 1.7 以上，也就是压缩机耗电 1 kW 可以产生 1.7 kW 的暖风热量或者更高，非常省电。经过相关试验验证，在 –10 ℃ 的环境下，使用热泵空调系统比只用 PTC 方案的整车续航里程提升 35% 左右。因此，为节省电能，提高续航里程，越来越多的电动汽车用热泵空调采暖。

➢ 如图 8-5 所示，车外温度为 0 ℃，车辆以 60 km/h 的速度行驶，车内最大采暖，车辆在不同情况下续航里程的对比。

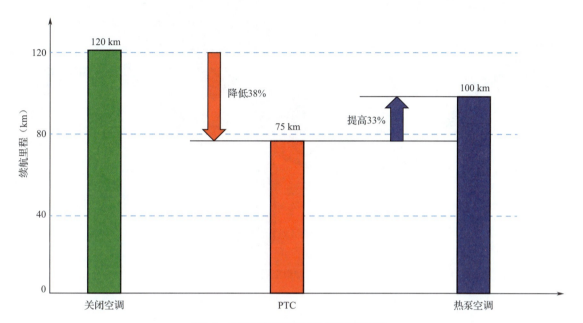

图 8-5　车辆在不同情况下的续航里程对比

6. 热泵空调包括哪些部件

热泵空调与单冷空调的结构基本相同，其结构如图 8-6 所示，主要包括以下部件：

➢ 电动压缩机：空调系统的心脏，提高制冷剂的压力，促使其在冷凝器中液化放热，并且作为动力源，促使制冷剂在系统内循环流动。

➢ 室外冷凝器：在制冷工况中，将高温高压的气态制冷剂转化为中温高压的液态制冷剂；在制热工况中，将低温低压的气–液态制冷剂转化为低温低压的气态制冷剂。

➢ 室内冷凝器：共四条管路，其中两条管路是制冷管路，内部是制冷剂；另外两条管路是冷却管路，内部是冷却液。在制热工况中，利用高温的制冷剂对冷却液加热。

➢ 制冷、制热膨胀阀：一种电子膨胀阀，其作用是在空调内置程序的控制下，通过节流将中温高压的液态制冷剂变为低温低压的气–液态制冷剂。

➢ 蒸发器：低温低压的气–液态制冷剂在蒸发器里吸热，进行热交换，变成低温低压的气态制冷剂。

➢ 气液分离器：被安装在压缩机进口的低压管路上，它的功用是气液分离，防止液态制冷剂进入压缩机，产生液击效应而损坏压缩机。为保证压缩机吸入的是气态制冷剂，分离器的出气口位于顶部。

➢ 电控两通阀：在空调内置程序的控制下，使其两端的空调管路导通。

图8-6 热泵空调结构

7. 涡旋式电动压缩机

> 燃油汽车的压缩机前端带有皮带轮,通过发动机皮带驱动工作;电动汽车的压缩机取消了前端皮带轮,增加了电机和控制器,通过电机驱动工作。

> 驱动电机采用具有体积小、重量轻、效率高等优点的三相交流永磁同步电机。但是,电动汽车中使用的是高压直流电,想让驱动电机正常稳定地工作,必须借助控制器将直流电转化为交流电。高压直流电经过控制器后,在输出端形成三相正弦交流电,在保证三相永磁同步电机平稳运转的同时,可以产生足够的转矩,以驱动压缩机工作。

> 通过控制三相交流永磁同步电机的各相绕组的通电频率和电流大小,可高精度调节电机的转速和转矩,并能直接控制压缩机的转速,达到调节冷剂的排量,以适应汽车运行对空调系统的不同工况要求。

> 单从外观来看,很难将电机和压缩机联系在一起。在电机的前端就是人们熟悉的涡旋式电动压缩机,因其具有振动小、噪声低、使用寿命长、重量轻、转速高、效率高、体积小等优点,被广泛应用于电动汽车中。

> 图8-7为涡旋式电动压缩机的分解图。涡旋式电动压缩机的核心部件包括两个相互啮合的涡旋盘:

◆ 静涡旋盘,固定在支架上。

◆ 动涡旋盘,由电机直接驱动,围绕静涡旋盘做回转半径很小的公转运动。

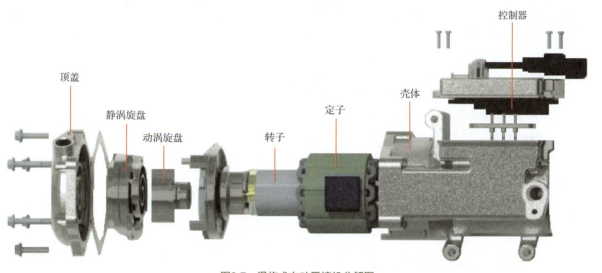

图8-7 涡旋式电动压缩机分解图

➢ 当电机旋转带动动涡旋盘公转时，气态制冷剂被吸入静涡旋盘的外围部分。随着驱动轴的旋转，动涡旋盘在静涡旋盘内沿轨迹运转，从而使动涡旋盘、静涡旋盘之间形成由外向内体积逐渐缩小的六个腔。气态制冷剂在动涡旋盘、静涡旋盘之间的六个月牙形压缩腔内被逐步压缩，最后从静涡旋盘排气口连续排出。

➢ 工作腔均由外向内逐渐变小且处于不同的压缩状态，从而保证涡旋式电动压缩机能连续不断地吸气、压缩和排气。

➢ 动涡旋盘可做高达 9000～13000 r/min 的公转，总排量足够大，能满足空调制冷的需求。当然，压缩机的功率较大，可达 4～7 kW。

涡旋式电动压缩机原理结构如图 8-8 所示。

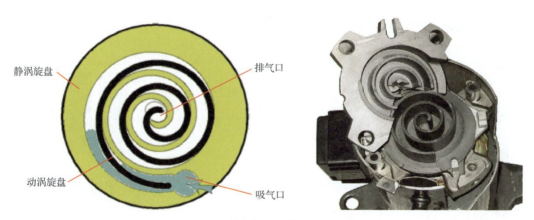

图8-8 涡旋式电动压缩机原理结构图

你知道吗？

➢ 涡旋式电动压缩机不需要进气阀，只有排气阀，这样可简化压缩机结构，消除打开气阀的压力损失，同时提高了压缩效率。

➢ 电动压缩机和普通压缩机使用的制冷剂相同，均为 R134a，但需要使用电动压缩机专用的冷冻油，否则会导致车辆自检绝缘故障，主动切断高压电输出，从而使车辆无法启动。

8. 热泵空调制冷工况

在制冷工况下,制冷剂在空调管里不断循环流动,每个循环包括四个过程——压缩过程、冷凝过程、节流过程、蒸发过程。图 8-9 为制冷工况原理图。

➢ 压缩过程

电动压缩机从气液分离器吸入低温低压的气态制冷剂,把它压缩成高温高压的气态制冷剂,经过室内冷凝器、制热膨胀阀(全开),前往室外冷凝器。

➢ 冷凝(散热)过程

高温高压的气态制冷剂进入室外冷凝器,由于压力及温度降低,制冷剂气体冷凝成液体,并放出大量的热。

➢ 节流过程

来自冷凝器的中温高压的液态制冷剂通过制冷膨胀阀(节流)后体积变大,压力和温度急剧下降,以雾状(气-液混合)排出膨胀阀。

➢ 蒸发(吸热)过程

气-液混合制冷剂进入蒸发器,此时制冷剂沸点远低于蒸发器内温度,故制冷剂液体蒸发成气体。制冷剂蒸发时会大量吸收周围的热量,而后低温低压的气态制冷剂经过气液分离器后,重新被吸入压缩机。上述过程周而复始地进行下去,便可达到降低蒸发器周围空气温度,从而降低驾驶室内温度的目的。

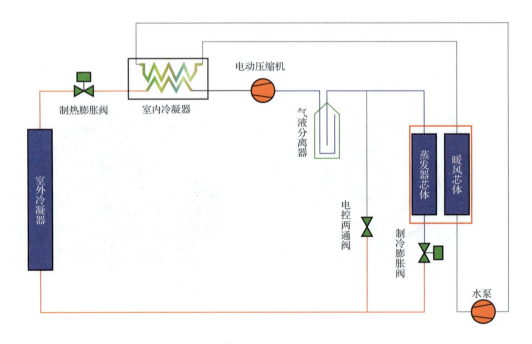

图8-9 制冷工况原理图

9. 热泵空调制热工况

系统需要采暖时，如果环境温度高于 0℃，将由热泵制热，从而达到室内采暖的目的。在此工况下，制热膨胀阀起节流降压作用；制冷膨胀阀关闭；室内冷凝器起冷凝散热作用；室外冷凝器相当于蒸发器，起到蒸发吸热作用；电控两通阀全开。图 8-10 为制热工况原理图。

> 压缩过程

电动压缩机从气液分离器吸入低温低压的气态制冷剂，把它压缩成高温高压的气态制冷剂后前往室内冷凝器。

> 冷凝（散热）过程

高温高压的气态制冷剂进入室内冷凝器，由于压力及温度降低，制冷剂气体冷凝成液体，并放出大量的热。

> 节流过程

来自室内冷凝器的中温高压的液态制冷剂通过制热膨胀阀（节流）后体积变大，压力和温度急剧下降，以雾状（气-液混合）排出膨胀阀。

> 蒸发（吸热）过程

气-液混合制冷剂进入室外冷凝器（相当于蒸发器），此时制冷剂沸点远低于室外冷凝器内温度，故制冷剂液体蒸发成气体。来自室外冷凝器的气态制冷剂经过气液分离器，重新被吸入压缩机，继续进行下一次循环。

在上述四个工作过程中，室内冷凝器内的制冷剂会释放大量的热，流经室内冷凝器冷却液管路内的冷却液温度升高。在水泵的带动下，温度升高的冷却液经过暖风芯体，从而对室内制热，达到采暖的目的。

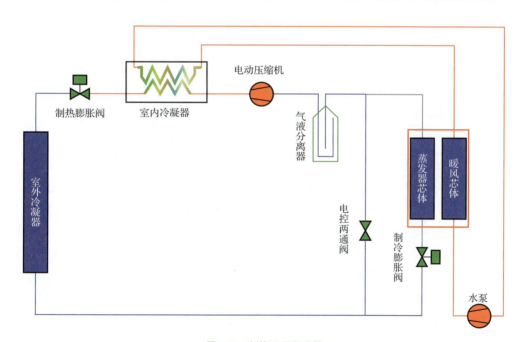

图8-10 制热工况原理图

10. 热泵空调除冰工况

> 热泵空调制热采暖功能长时间使用后，室外冷凝器表面可能结冰。当系统判断结冰比较严重而影响采暖性能时，会触发系统进行除冰作业，此时车内无法采暖。除冰时间最多不超过 10 分钟。

> 在除冰工况下，电动压缩机排出的高温高压的气态制冷剂依次经过室内冷凝器、制热膨胀阀（全开）、室外冷凝器、电控两通阀、气液分离器后，重新被吸入电动压缩机。在此工况下，气液分离器的作用就凸显出来了，保证压缩机吸入的是气态制冷剂。

图 8-11 为除冰工况原理图。

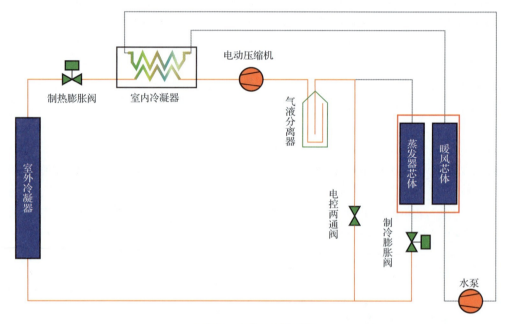

图8-11　除冰工况原理图

第九章
故障诊断解析

1. 诊断基本原则

➢ 先简后繁、先易后难
◆ 优先检查那些能以简单方法检查的可疑故障部位。例如,直观检查是最简单的,通过问、看、听、摸、试等直观检查方法,将一些较为明显的故障部位迅速找出来。
◆ 当直观检查未能发现故障,需要借助仪器或其他专用工具检查时,也应先检查较容易检查的部位,能就车检查的项目先检查。

➢ 先思后行、先熟后生
◆ 对电动汽车的故障现象先进行综合分析,在初步了解故障原因的基础上进行检查,以避免故障诊断的盲目性。
◆ 由于结构和使用环境等原因,电动汽车的一些故障可能是一些总成或部件最常见的故障。先检查这些常见的故障部位,如果没有发现故障,再检查其他可能的故障部位。这样,故障往往可以很快发现,省时省力。

➢ 先上后下、先外后里
◆ 检修电动汽车故障,分析出有多个故障原因时,既要按照优先级顺序检修,也要考虑先上后下原则,避免频繁升降车辆。
◆ 当电动汽车出现故障时,先检查电子控制系统外部可能存在故障的零件。这样可以避免对电控系统的传感器、控制单元、执行器和电路进行复杂耗时的检查。

➢ 先备后用、代码优先
◆ 检修电动汽车时,要准备好与检修车型相关的维修资料。除从维修手册和专业书籍中收集、整理维修数据外,另一个有效的方法是对同类型无故障车辆的同系统相关参数进行测量和记录。如果平时重视这项工作,就会对以后的故障检修带来便利。
◆ 当电动汽车的电控系统出现某种故障时,故障自诊断系统会立即监测到故障,并通过声、光及文字向驾驶员发出警告,同时以代码的形式存储故障信息。但是,对于某些故障,自诊断系统只存储故障码,并不报警。此时,可使用诊断仪读取故障码,再按照故障码的内容排除该故障。

2. 诊断基本步骤

故障诊断基本步骤如图9-1所示。

➢ 确认故障现象
◆ 验证客户抱怨的故障
✧ 针对工单描述的故障现象进行确认。
✧ 注意客户描述故障出现的特定环境。
✧ 对于偶发故障,有必要使故障再现。
✧ 如有故障码,可根据故障码产生的条件和冻结帧进行确认。
◆ 必须进行全车系统的详细检查
✧ 为使故障诊断思路更清晰,有必要进行车辆的全面检查。
✧ 为避免引起纠纷,有必要对全车进行功能检查。例如,客户可能故意隐瞒其他故障或不常使用的功能故障。
✧ 查看客户是否加装非原厂部件(有必要拆除后重新确认故障现象)。

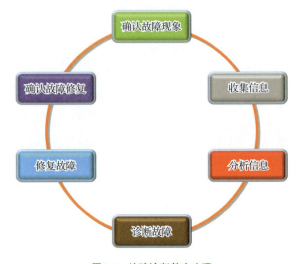

图9-1 故障诊断基本步骤

➢ 收集信息
◆ 如有技术通报则首先执行,然后重新确认故障现象。
◆ 车辆配置信息。
◆ 车辆维修记录。
◆ 通过诊断仪收集信息(故障码、网络测试、激活、编程、软件版本等)。
◆ 通过电路图收集信息(插头、针脚、功能、颜色),确认车型与电路图是否完全一致。
➢ 分析信息
◆ 列出所有可能的原因。
◆ 结合收集到的信息分析故障现象之间的关联性。
✧ 共用供电线、共用接地线或接地点。
✧ 共用传感器信号。
✧ 共用网络、模块。
✧ 共用连接器、分线点等。
◆ 分析以上原因,哪些更容易(易测量,易拆装,易替换)确认或排除。
◆ 结合现代车辆维修"输入 – 程序 – 输出 – 反馈"规则缩小诊断范围。
◆ 将可能的故障原因进行优先级排序。
✧ 根据经验得出自己检修的优先级。
✧ 优先根据故障码进行检修。
✧ 优先考虑导线(线束、连接器、针脚)的故障。
➢ 诊断故障
◆ 根据之前确认的优先级排序进行故障诊断。

- ◇ 确认 12 V 蓄电池已连接充电器。
- ◇ 使用测量工具前必须校准，测量到异常数据后应反复校准后确认。
- ◇ 查看并严格遵守维修手册标准操作规范。
- ◇ 有必要与相同配置车型（测量条件及工况相同）的测量数据进行对比。
- ◇ 切勿随意对换模块，否则可能导致不可修复的故障。
- ➢ 修复故障
- ◆ 确保零件号及软件号完全正确。
- ◆ 严格遵守标准操作规范。
- ◆ 必须使用专用工具。
- ◆ 严禁野蛮操作。
- ➢ 确认故障修复
- ◆ 为提高一次修复率，严禁盲目交车。
- ◆ 确保在故障诊断过程中测量到的异常数据已恢复正常。
- ◆ 在确认故障已修复之前，严禁清除故障码。
- ◆ 按照确认故障现象时的操作，验证故障现象已消失。
- ◆ 清除所有故障码。

3. 诊断基本方法

➢ 电动汽车故障诊断的基本方法有两种：

◆ 人工诊断法

人工诊断法主要是诊断技师凭借实践经验和知识，借助简单工具，在汽车不解体或局部解体的情况下，通过试问、眼看、耳听、手摸、鼻嗅等方法，一边检查，一边试验和分析，进而对电动汽车技术性能和故障进行定性诊断。

◆ 仪器设备诊断法

仪器设备诊断法是在电动汽车总成不解体的情况下，采用通用或专用的仪器设备获取汽车性能和信息参数，并与正常汽车技术状况相比较，为分析汽车技术状况和判断故障提供定量依据。例如，使用万用表、诊断仪、示波器、绝缘电阻测试仪、等电位测试仪等对汽车故障进行诊断。

➢ 在诊断实践中，两种方法往往结合使用，先是诊断技师向客户询问故障现象，对车辆进行直观检查，凭经验初步判断故障，再利用仪器设备进一步检查，最终确认故障。

4. 5W2H 问诊法

➢ 5W2H 问诊法又叫"七问分析法"，是美国陆军兵器修理部首创，如图 9-2 所示。这种方法简单、方便，易于理解、使用，富有启发意义，被广泛应用于企业管理和技术活动中。

➢ "5W"即5个以字母"W"开头的英语单词,"2H"即2个以字母"H"开头的英语单词。现结合间歇性故障,介绍5W2H问诊法。

◆ When:询问间歇性故障发生的时间,如季节、时间早晚等。

◆ Where:询问间歇性故障发生的地点,如国道、高速公路、市内公路、拥堵地段等。

◆ Who:询问间歇性故障发生时的驾驶人员,即谁在驾驶车辆。

◆ What:询问间歇性故障发生时的详细情况,如哪个系统发生了什么故障,当时电机、仪表指示灯、高压报警灯、高压空调及其他设备的状态。

◆ Why:询问间歇性故障发生的原因,如发生此故障前车辆有没有发生过其他故障,或做过维修保养、改装等。

◆ How:询问间歇性故障是怎么发生的,客户是否有简单的感觉判断,故障发生时有没有其他伴随现象,如特殊天气、特殊路面、特殊地区等。

◆ How much:询问间歇性故障发生的频率,如总共发生了多少次。

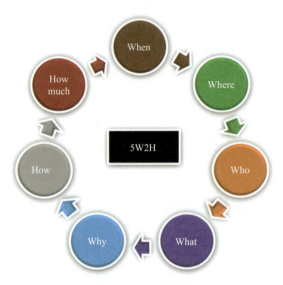

图9-2　5W2H问诊法

你知道吗?

➢ 采用"5W2H"为主线的提问思路,可以更全面地了解客户需求、客户基本信息、故障现象等,不至于遗漏信息点。

➢ "5W2H"有两种问诊方式:

◆ 封闭式问诊:客户只能答"是"或"否"。例如,询问车辆是否改装过。诊断技师通常利用这样的问诊方式缩小故障范围。

◆ 开放式问诊:客户可以自由回答问题。例如,客户回答车辆改装过,诊断技师接着问:"改装了哪些项目呢?"接下来,客户可以自由回答改装的具体项目。诊断技师通常利用这样的问诊方式从客户处收集信息。

➢ 问诊时,不要使用专业术语,以避免客户不理解。多用实例询问客户,使客户容易回答。

5. 正确使用万用表

万用表是诊断技师在实际工作中最常用的一种诊断设备，但在使用过程中，可能犯下一些常见的错误。使用万用表的注意事项：

- ➢ 保持万用表的表笔清洁。
- ➢ 不能用手去接触表笔的金属部分。
- ➢ 将表笔插针从插头后侧插入。
- ➢ 选择正确的测量类型。
- ➢ 不能带电切换测量类型。
- ➢ 正确选择交流、直流类型。
- ➢ 选择合适的量程。
- ➢ 测量电压、电阻须多次校表。
- ➢ 确保测量点的可靠性。
- ➢ 在读数前再次确认万用表挡位是否正确。
- ➢ 待读数稳定后再读数。
- ➢ 正确读取数值的单位。
- ➢ 万用表使用完毕，将电源关闭。
- ➢ 长期不使用，将万用表内部的电池取出。
- ➢ 测量电阻时的注意事项：
- ◆ 断电。
- ◆ 避开线束或其他元件的干扰。例如，断开连接器或模块。
- ➢ 测量电压时的注意事项：
- ◆ 与被测元件并联。
- ➢ 测量电流时的注意事项：
- ◆ 测量前验证保险丝是否完好。
- ◆ 与被测元件串联。
- ◆ 断电后再连接或拆除万用表。
- ◆ 确保电流从红表笔流入，从黑表笔流出。

6. 导线故障解析

- ➢ 汽车导线为低压电线，与普通家用电线是不一样的。普通家用电线是铝质单芯电线，有一定的硬度；而汽车导线是铜质多芯软线，几条乃至几十条细如毛发的软铜线被包裹在塑料绝缘管内，柔软而不容易折断。
- ➢ 汽车导线类型
- ◆ 功率线：包括供电线与接地线。通过功率线的电流大，由于虚接或多芯断路而导致功率线的电阻值增加，这会造成相关部件或模块不能正常工作或不能工作；功率线短路会导致塑料绝缘管燃烧，进而引发车辆着火。

◆ 信号线：通过信号线的电流小，信号线短路会导致部件无法正常发送信号，从而影响相关的控制功能，但一般不会引发火灾。

➢ 汽车导线故障类型
◆ 断路，又称为开路。
◆ 虚接，又称为高电阻。
◆ 短路，分为对供电线短路、对接地线短路及互短等。

表 9-1 为导线类型对应的测量状态。

表9-1 导线类型对应的测量状态

测量项目	供 电 线	接 地 线	信 号 线
在导线工作的情况下，测量导线电压降数值	➢ 数值过大，导线虚接或断路 ➢ 数值很小，下一步断开导线两端，测量该线对电源的电压，判断是否对接地短路	➢ 数值过大，导线虚接或断路 ➢ 数值很小，下一步断开导线两端，测量该线对电源的电压，判断是否对接地短路	➢ 数值过大，导线虚接或断路 ➢ 数值很小，下一步断开导线两端，测量该线对电源的电压，判断是否对接地短路
将导线与部件分离，测量导线导通电阻值	➢ 无穷大（∞，万用表显示OL或1），导线断路故障 ➢ 电阻值很小，不一定正常，下一步测量电压降，以进一步确认	➢ 无穷大（∞，万用表显示OL或1），导线断路故障 ➢ 电阻值很小，不一定正常，下一步测量电压降，以进一步确认	➢ 无穷大（∞，万用表显示OL或1），导线断路故障 ➢ 电阻值很小，不一定正常，下一步测量电压降，以进一步确认
测量导线对供电线的电压值	➢ 0 V，导线未对接地短路 ➢ 12 V，判断导线对接地短路 ➢ 保险丝反复损坏，导线对接地短路	—	➢ 0 V，导线未对接地短路 ➢ 12 V，判断导线对接地短路
测量导线对接地线的电压值	—	➢ 0 V，导线未对电源短路 ➢ 12 V，判断导线对电源短路 ➢ 保险丝反复损坏，导线对电源短路	➢ 0 V，导线未对供电短路 ➢ 12 V，判断导线对供电短路

7. 模块无法通信故障解析

➢ 电动汽车使用的通信网络有 LIN（局域互联网络）、CAN、FlexRay 及以太网等。
➢ 在无故障情况下，各网络模块通过收发报文来控制车辆正常运行。
➢ 在出现故障时，可用诊断仪进行网络测试或读取故障码。当发现某个模块无法通信时，我们可以从以下四个方面检修：
◆ 模块供电端、接地端：模块一般有多个供电端，如常电 B+、IG 电等；接地端也有多个，要保证所有的供电端和接地端正常。
◆ 模块软件：可以通过诊断仪重新加载或升级。
◆ 导线：利用万用表检修。
◆ 模块硬件：如检查前三项均正常，则无法通信的故障是由模块硬件引起的，更换新的模块。

8. 无法交流慢充故障解析

➢ 电动汽车交流慢充主要步骤

◆ 充电连接确认

◇ 图 9-3 为充电连接确认原理图。充电枪（车辆插头）未插入充电口（车辆插座）前，车载充电机控制单元输出一个高电位至充电口充电连接确认（CC）线路上。此时，用万用表测量充电口 CC 端子与 PE 端子间的电压为 5 V（不同品牌的车型电压值不同，常见的有 12 V、8 V、5 V）。

◇ 按压充电枪上的下压按钮并保持（开关 S3 断开），将充电枪插入充电口内，CC 线路通过充电枪内部串联的电阻 RC、R4 与 PE 接通，车载充电机控制单元输出的 5 V 电压被电阻 RC 和 R4 拉低至 2 V 左右。

◇ 松开充电枪上的下压按钮（开关 S3 闭合），R4 被开关 S3 短接，CC 线路只通过充电枪内部电阻 RC 与 PE 接通，车载充电机控制单元输出的 5 V 电压被电阻 RC 进一步拉低至 0.6 V 左右。

◇ 车载充电机控制单元接收到 0.6 V 左右的电压时，即确认充电枪与充电口已连接。车载充电机控制单元被激活后，通过 CAN 总线唤醒动力电池管理系统、整车控制器、IC 等，同时发送充电枪已完全连接的信号至动力电池管理系统、整车控制器、IC。IC 接收到此信号后，激活仪表上的充电连接指示灯，提醒驾驶人充电枪已经完全连接。

◇ 车载充电机控制单元接收到 0.6 V 左右的电压后被激活，通过判断此时 RC 阻值（CC 线的电压值），即可判定当前充电电缆的额定容量和充电枪的连接状态。

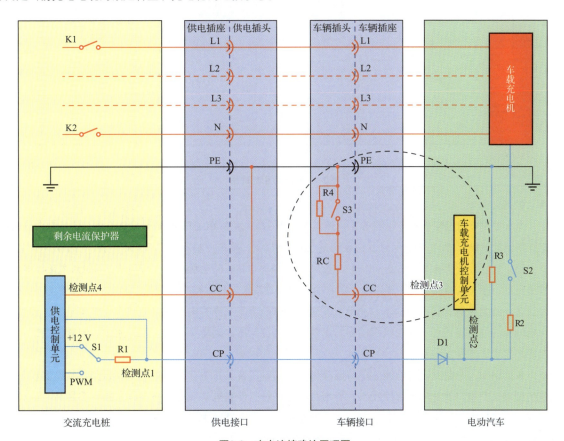

图9-3 充电连接确认原理图

145

◆ 充电准备阶段

图 9-4 为控制导引原理图。充电枪完全连接后，充电桩输出至控制导引（CP）线路上的 +12 V 电压被整流二极管 D1 和电阻 R3 拉低至 9 V 并保持这一状态，即检测点 2 的电压为 9 V，则车载充电机控制单元判定充电桩与车辆已连接，车载充电机进入准备阶段。与此同时，充电桩根据检测点 1 的 9 V 电压判定充电桩与车辆已连接，充电桩进入准备阶段。

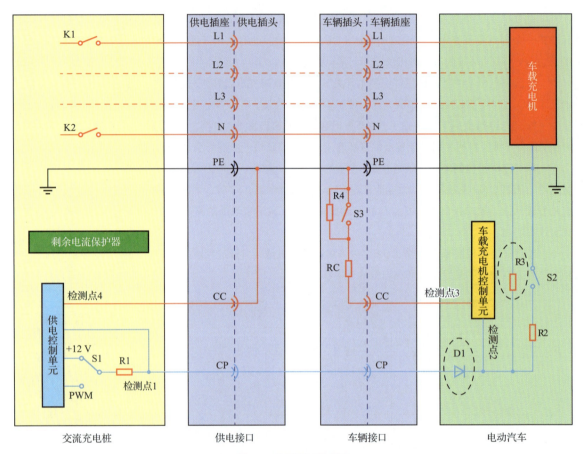

图9-4 控制导引原理图

◆ 数据交换

◇ 当车载充电机控制单元接收到 CC（检测点 3 电压 0.6 V 左右）和 CP（检测点 2 电压 9 V）信号完全正常后，车载充电机启动充电模式，并将此信号发送至动力电池管理系统、整车控制器、DC/DC 转换器、电机控制器、IC 等。

◇ 动力电池管理系统对系统低压供电、电池温度、单体电压、荷电状态等进行自检，同时对主正极接触器、主负极接触器、预充接触器进行粘连自检。如动力电池管理系统自检过程中出现信号异常，系统停止启动充电。如信号正常，动力电池管理系统向车载充电机发送动力电池最高允许充电电压、最高允许充电电流、最高允许温度、电池模组温度等信号；向电机控制器发送禁止电机控制器启动命令；向空调、整车控制器发送动力电池预热或冷却启动信号等。

◇ 在此期间，车载充电机检测充电口温度传感器的电压值，并与存储值进行比对，如在预设值以下，车载充电机即确认充电口及充电枪温度正常，不会由于温度过高使充电口及充电枪绝缘层软化而短路，造成触电及火灾事故；如此温度异常，车载充电机就不启动充电。在充电过程中，如车载充电机检测到充电口温度高于预设值或信号异常，就停止充电，充电口上的红色警示灯同时亮起。

◇ 车载充电机向动力电池管理系统发送最高输出电压、最低输出电压、最大输出电流等信号。

◆ 以上信号确认无误后，动力电池管理系统向车载充电机发送动力电池充电准备就绪信号，车载充电机向动力电池管理系统发送充电机准备就绪信号。如果任何一个信号出现异常，充电系统将不启动充电功能。

◆ 启动充电功能

◇ 图9-5为启动充电功能原理图。在CP线路上的9 V电压保持的过程中，容量设定、系统唤醒、自检及数据交换等需在3s内完成，如果信号出现异常或无信号持续时间大于3 s，充电功能将不启动。

◇ 如信号正常，开关S1切换至PWM端，充电桩向CP线路输出可调节的幅值为12 V左右的双极性PWM占空比信号并保持这一状态。

◇ 从充电桩输出至CP线路上的12 V左右的双极性PWM占空比信号被整流二极管D1和电阻R3拉低至幅值为+9 V左右的单极性PWM占空比信号，并保持这一状态。

◇ 车载充电机将CP线路上检测到的检测点2的+9 V左右的单极性PWM占空比信号波形、频率和车载充电机内部存储的信号波形、频率进行比对及系统自检。自检无误后，开关S2在3 s内闭合，准备启动充电功能。

◇ 开关S2闭合后，通过整流二极管D1、电阻R2、开关S2将CP线路搭铁，由于R2和R3并联，CP线路上的检测点2被进一步拉低至幅值为+6 V左右的单极性PWM占空比信号，并保持这一状态。

◇ 车载充电机在3 s内对检测点2的+6 V左右PWM波形幅值持续检测，同时再次自检系统内的故障信号、动力电池管理系统、DC/DC转换器、电机控制器、整车控制器等状态。如状态正常，车载充电机就发送充电功能启动信号。动力电池管理系统接收到此信号后，准备接通高压接触器，同时根据动力电池温度信号发送动力电池热管理信号（预热、预热/充电、充电）需求至PTC、空调等。

◇ 充电桩在自检的同时，监测检测点1的6 V左右的单极性PWM波形幅值3 s内有没有变化。充电桩自检正常，检测点1在3 s内没有变化，随即启动充电功能，接通内部交流接触器K1、K2，将交流220 V电源提供给车载充电机。

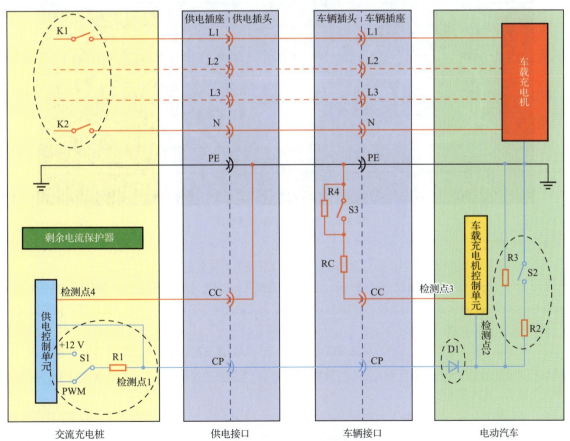

图9-5 启动充电功能原理图

◆ 高压接触器控制

◇ 动力电池管理系统接收到车载充电机发送的充电功能启动信号后，首先控制主负极接触器闭合，同时对总线上的信号持续监测，并对主负极接触器、主正极接触器、预充接触器、预充电阻进行检测，如检测成功，闭合预充接触器后进行预充。

◇ 在预充阶段，动力电池管理系统对预充接触器、预充电阻、整车高压绝缘进行检测。如动力电池管理系统检测到异常，将停止接触器控制过程，并断开已接通的预充接触器及主负极接触器，充电流程停止。动力电池管理系统生成并存储故障码信号，同时将故障信号及停止启动充电功能发送给整车控制器、车载充电机、DC/DC 转换器、电机控制器等。车载充电机接收到此信号后，断开开关 S2，导致 CP 线路信号变化，充电桩及车载充电机随即停止充电，车辆无法充电。

◇ 预充阶段正常，当电机控制器监测到支撑电容的预充电压达到动力电池电压的 90% 时，预充结束，动力电池管理系统接通主正极接触器，在 3 s 内断开预充接触器。主正极接触器接通后，动力电池管理系统检测主正极接触器状态、整车高压绝缘状态，所有检测正常后，车载充电机开始输出直流高压电流，为动力电池充电。同时，DC/DC 转换器工作，为 12 V 蓄电池充电。

◇ 动力电池管理系统控制主正极接触器、主负极接触器开始工作，同时车载充电机输出直流高压电流后，动力电池管理系统根据当前充电电压、电流信号，计算出动力电池充满电所需的时间，然后将其和当前电量信号通过 CAN 总线发送至整车控制器、车载充电机等。整车控制器通过 CAN 总线发送车辆当前充电状态、动力电池电量、充电电流等信号至 IC 组合仪表，仪表内的充电状态指示灯同时亮起，提醒驾驶员车辆正在充电，如图 9-6 所示。

图9-6　充电过程中的仪表信息显示

◆ 充电枪锁止

◇ 为防止在车辆充电过程中充电枪丢失或意外被拔下，充电口具有充电枪锁止功能。

◇ 动力电池管理系统控制主正极接触器、主负极接触器开始工作，同时车载充电机输出直流高压电流后，车载充电机将控制充电枪锁止电机工作，锁销伸出充电口，压在充电枪下压按钮的上面，此时充电枪无法拔出。

◆ 充电前预热控制

◇ 在低温条件下充电，动力电池管理系统因动力电池内部温度低而对充电电流进行限制，只能在十几安培甚至几安培的状态下充电。经过较长时间的低速充电之后，电芯自然升温，充电电流才慢慢升高，这样严重影响充电时间，尤其是快充。

◇ 在车辆充电前，动力电池管理系统检测动力电池温度及环境温度。当温度低于预设的阈值时，动力电池管理系统通过 CAN 总线发出动力电池充电预热请求信号至车载充电机、整车控制器、PTC、空调等，相关系统对动力电池预热。

◇ 多数车型动力电池温度控制策略：
- 当动力电池温度低于 3 ℃时，对动力电池预热，不充电。
- 当动力电池温度为 3 ～ 12 ℃时，动力电池一边预热一边充电。
- 当动力电池温度为 12 ～ 40 ℃时，动力电池正常充电。
- 当动力电池温度达到 40 ℃以上时，为动力电池散热。

◆ 充电过程监控

◇ 在整个充电过程中，车载充电机不间断地测量检测点 2 的电压值及 CP 端子的 PWM 占空比信号。当占空比信号有变化时，车载充电机实时调整自身的输出功率。

◇ 在整个充电过程中，检测点 2 或 CP 端子的 PWM 信号出现异常时，车载充电机会立即关闭输出，停止充电。如充电桩在充电过程中出现故障，则自行断开交流接触器 K1 和 K2，其内部开关 S1 从 PWM 端切换到 +12 V 端。

◇ 在充电过程中，如动力电池、车载充电机温度过高，水泵将启动，加速冷却液循环，为其降温。

◆ 充电冷却控制

◇ 在充电过程中，车载充电机和动力电池等由于自身功率负载和化学反应，将产生热量。如热量持续增加，就会导致车载充电机、DC/DC 转换器、动力电池因过热烧毁，甚至发生火灾事故。

◇ 因此，在充电过程中，需要对车载充电机、DC/DC 转换器、动力电池温度进行监控，如出现过热，就启动高压部件及动力电池散热功能。

◆ 充电停止

◇ 在充电过程中，当达到车辆设置的停止条件时，即动力电池管理系统检测到动力电池荷电状态值为 100%，通过 CAN 总线向车载充电机发送停止充电报文，车载充电机控制开关 S2 断开，使其处于停止状态。同时，CP 线路上波形幅值上升到 9 V，此时充电桩检测到检测点 1 波形信号变化，控制开关 S1 切换到 +12 V 的连接状态并等待，此时充电桩内部通过电阻 R3 将 +12 V 的 CP 信号继续拉低至 +9 V 电压。在此过程中，车载充电机再次询问动力电池管理系统是否停止充电。如果确认，充电桩将在 100 ms 内断开接触器 K1 和 K2，切断交流供电回路；超过 3 s 未检测到 +9 V 电压，充电桩将强制断开接触器 K1 和 K2，结束充电。

◇ 同时，动力电池管理系统发送 DC/DC 停止命令，DC/DC 转换器停止工作。动力电池管理系统先控制主正极接触器断开，延时 20 ms，控制主负极接触器断开，整车高压下电。

图 9-7 为充电停止仪表显示界面。

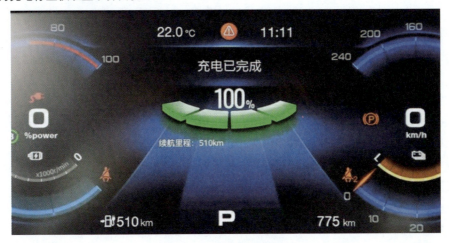

图9-7 充电停止仪表显示

> 故障现象及原因分析

电动汽车可以正常行驶,但无法慢充。

◆ 在正常情况下,将充电枪插入充电口并松开下压按钮,可以听到接触器发出"咔嗒"的工作声,同时充电枪锁发出"咔嗒"的锁止声,充电口上的绿色充电指示灯闪烁。

◆ 如接触器和充电枪锁都没有发出"咔嗒"声,充电口上的红色充电指示灯常亮,则车辆无法慢充可能是以下原因所致:

◇ 电机控制器发出禁行信号。

◇ 信号线路断路、虚接、短路。

◆ 如接触器和充电枪锁都没有发出"咔嗒"声,充电口上的充电指示灯不能正常亮起或闪烁,则车辆无法慢充可能是以下原因所致:

◇ 供电设备(包括便携式充电设备)供电、自身的故障。

◇ 充电电缆断路、虚接、短路。

◇ 从充电口到车载充电机之间的连接线束断路、虚接、短路。

◇ 车载充电机电源线路断路、虚接、短路、自身的故障。

◇ 车载充电机通信 CAN 信号及线路断路、虚接、短路。

◇ 充电枪锁止开关(机械卡滞)及内部线路断路、虚接、短路。

◆ 如接触器正常发出"咔嗒"工作声,充电枪锁没有发出"咔嗒"锁止声,充电口上的充电指示灯正常亮起或闪烁,则车辆无法慢充可能是以下原因所致:

◇ 充电枪锁控制信号及线路断路、虚接、短路。

◇ 充电枪锁反馈信号及线路断路、虚接、短路。

◇ 充电枪锁自身的故障。

◇ 控制充电枪锁工作模块的故障。

◆ 如接触器和充电枪都能发出"咔嗒"声,只是充电口上的充电指示灯没有正常亮起,则车辆无法慢充可能是以下原因所致:

◇ 车载充电机信号线路断路、虚接、短路。

◇ 充电指示灯及线路的故障。

◇ 控制充电指示灯工作模块的故障。

◆ 在正常情况下,仪表内充电连接指示灯(图 9-8)和充电状态指示灯(图 9-9)均亮起,同时仪表应显示当前电池电量、充电状态、充电电流等信息。

◆ 如仪表内无任何信号显示,说明连接充电枪后充电系统没有被激活,车载充电机对外没有发送信号,导致仪表没有收到充电系统启动的信号,所以无任何信号显示。在这种情况下,车辆无法慢充可能是以下原因所致:

◇ 车载充电机通信 CAN 信号及线路断路、虚接、短路。

◇ 充电连接确认信号及线路断路、虚接、短路。

◇ 充电枪锁止开关(机械卡滞)及内部线路断路、虚接、短路。

◆ 如仪表内仅充电连接指示灯亮起,说明充电枪连接后车载充电机被激活,但由于系统检测存在故障,导致充电功能没有启动。在这种情况下,车辆无法慢充可能是以下原因所致:

◇ 充电桩(便携式充电设备)内部线路的故障。

◇ 控制导引信号及线路断路、虚接、短路。

图9-8　充电连接指示灯

图9-9　充电状态指示灯

- ✧ 充电口温度传感器信号及线路断路、虚接、短路。
- ✧ 电机控制器唤醒信号及线路断路、虚接、短路。
- ✧ 车载充电机输出线路的故障。
- ✧ 车载充电机通信 CAN 信号及线路断路、虚接、短路。
- ✧ 车载充电机电源及电源线路断路、虚接、短路。
- ✧ 高压互锁线路断路、虚接、短路及连接器的故障。
- ◆ 除以上原因外，动力电池内部和动力电池管理系统的故障也可导致车辆无法慢充。
- ✧ 动力电池内部的常见故障如下：
- • 电芯压差的故障。
- • 主正极接触器、主负极接触器的故障。
- • 预充接触器及预充电阻的故障。
- • 电流传感器的故障。
- • 电压传感器的故障。
- • 温度传感器的故障。
- • 采样线的故障。
- • 采集板的故障。
- • 熔断器的故障。
- ✧ 动力电池管理系统的常见故障如下：
- • 线束连接异常。
- • 均衡电路异常。
- • 主控制模块、从控制模块线束及模块自身故障。

9. 无法直流快充故障解析

- ➤ 电动汽车直流快充主要步骤
- ◆ 充电连接确认
- ✧ 图 9-10 为充电连接确认（CC1/CC2）原理图。将充电枪从充电桩上取下，未按压充电枪上的下压按钮（开关 S 闭合）时，检测点 1（CC1）线路通过充电枪内部的电阻 R2、开关 S 与 PE 接通，此时，检测点 1 与 PE

之间的电压为 6 V；按压充电枪上的下压按钮（开关 S 断开）并保持这一状态，检测点 1 与 PE 之间的电压为 12 V。

◇ 按压充电枪上的下压按钮（开关 S 断开），将充电枪插入充电口后，检测点 1 线路通过充电口内部电阻 R4 与 PE 接通，检测点 1 的 12 V 电压被拉低至 6 V。此时，松开充电枪上的下压按钮（开关 S 闭合），充电枪内部电阻 R2 与充电口内部电阻 R4 并联后与 PE 接通，检测点 1 的 6 V 电压被进一步拉低至 4 V。直流充电桩控制器接收到 4 V 电压时，即确认充电枪与充电口已完全连接，此时，充电枪上的电子锁将其锁止并将位置信号反馈给充电桩控制器，用来判断电子锁是否锁止。

◇ 与此同时，检测点 2（CC2）的电压由未插充电枪之前的 12 V 被电阻 R3 拉低到插充电枪后的 6 V，车辆控制单元收到 6 V 电压时，即确认充电枪与充电口已连接。

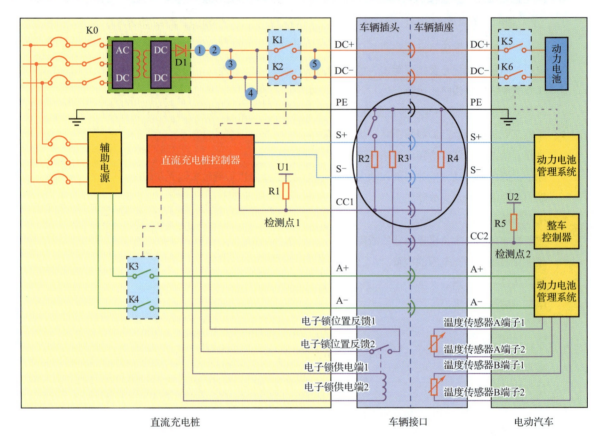

①电流测量　②熔断器　③泄放电路　④绝缘检测电路　⑤电压测量

图 9-10　充电连接确认（CC1/CC2）原理图

◆ 充电桩自检

◇ 图 9-11 为充电桩自检原理图。直流充电桩控制器确认充电枪与充电口完全连接后，闭合 K3 和 K4，充电桩向动力电池管理系统提供低压辅助电源并将其唤醒，动力电池管理系统通过 S+ 与 S− 每隔 250 ms 向充电桩控制器定期发送通信握手确定报文（动力电池管理系统最高允许充电总电压）。

◇ 直流充电桩控制器确认充电枪与充电口完全连接后，闭合 K1 和 K2，进行绝缘检测，绝缘检测时的输出电压为车辆通信握手报文内的最高允许充电总电压和直流充电桩额定电压中的较小值。

◇ 绝缘检测完成后，将绝缘检测电路以物理方式从强电回路中分离，并投入泄放电路对充电输出电压进行泄放。直流充电桩完成自检后断开 K1 和 K2，同时向动力电池管理系统每隔 250 ms 定期发送一次充电机握手确定报文（充电机通信协议的版本号）。

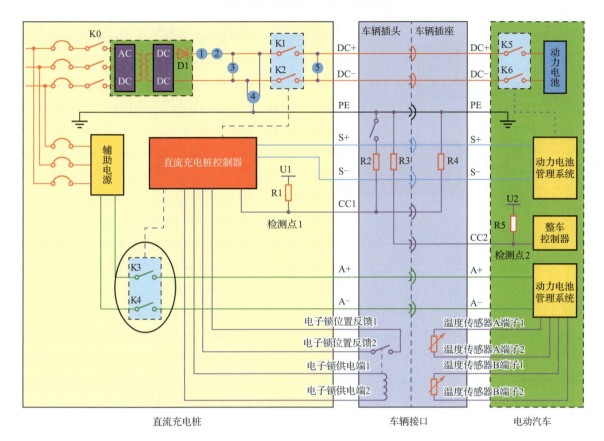

①电流测量 ②熔断器 ③泄放电路 ④绝缘检测电路 ⑤电压测量

图9-11 充电桩自检原理图

◆ 充电握手辨识

◇ 图9-12为充电参数配置原理图。当充电桩控制器和动力电池管理系统之间握手，并确定绝缘检测正常后，充电桩控制器和动力电池管理系统之间互发辨识报文。

◇ 充电桩控制器每隔250 ms定期发送一次充电机辨识报文（充电机通信协议的版本号）给动力电池管理系统，用于确认充电机和动力电池管理系统之间通信链路正确。

◇ 动力电池管理系统收到充电机辨识报文后，每隔250 ms向充电桩控制器定期发送动力电池管理系统握手辨识报文（协议版本、电池类型、容量、电池电压、VIN代码）。

◆ 充电参数配置

◇ 充电握手辨识阶段结束后，充电桩控制器和动力电池管理系统进入充电参数配置阶段。

◇ 动力电池管理系统向充电桩控制器定期发送电池充电准备就绪、单体电池的最高允许充电电压、最高允许充电电流、动力电池的标称总能量、最高允许充电总电压、最高允许温度、荷电状态、当前电压等报文。

◇ 充电桩控制器定期发送充电机输出准备就绪、充电机时间同步信息、最高输出电压、最低输出电压、最大输出电流、最小输出电流等报文给动力电池管理系统。

◇ 动力电池管理系统判断充电机参数合适，闭合电动汽车内部的快充接触器K5和K6，使充电回路导通，电动汽车开始负责整个系统的绝缘检测。

◇ 充电桩控制器检测到车辆端动力电池电压正常，闭合直流接触器K1和K2，使供电回路导通。至此，充电系统的直流回路才"通畅"起来，电动汽车进入准备充电的状态。

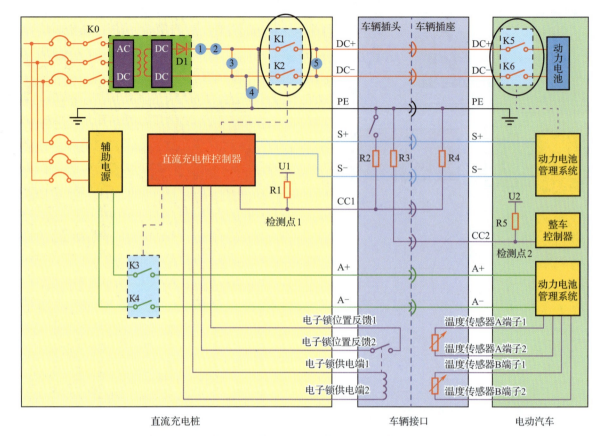

①电流测量　②熔断器　③泄放电路　④绝缘检测电路　⑤电压测量

图9-12　充电参数配置原理图

◆ 充电阶段

◇ 充电参数配置完成后，充电桩控制器和动力电池管理系统进入充电阶段。

◇ 在整个充电阶段，动力电池管理系统定期发送动力电池充电需求（电压需求、电流需求和充电模式）、电池充电总状态、充电电压、充电电流、最高单体电压、当前荷电状态、估算剩余时间、各单体电池的电压和温度等报文给充电桩控制器，充电桩控制器根据电池充电需求调整充电电压和充电电流，以保证充电过程的正常进行。

◇ 充电桩控制器定期发送输出电压、输出电流和累计充电时间等报文给动力电池管理系统。

◇ 在充电过程中，充电桩控制器和动力电池管理系统始终向对方发送各自的充电状态信息。

◆ 充电停止

◇ 一旦满足充电结束条件，充电桩控制器就发送充电机终止充电报文给动力电池管理系统，让动力电池管理系统确认充电机即将结束充电及结束充电原因。

◇ 动力电池管理系统发送动力电池管理系统终止充电报文给充电桩控制器，让充电机确认动力电池管理系统将发送终止充电报文，以使其结束充电过程及结束充电的原因。随后，两者互发动力电池管理系统统计数据报文和充电机统计数据报文。

◇ 当充电电流小于或等于5 A时，充电桩控制器断开K1和K2，投切泄放电路，动力电池管理系统断开K5和K6。充电桩控制器确认收到动力电池管理系统统计数据报文后断开K3和K4，电子锁解锁充电枪。动力电池管理系统确认收到充电机统计数据报文后进入休眠状态。

➢ 故障现象及原因分析

车辆进行直流快充时，仪表内的充电连接指示灯亮起，但充电电流不上升，更换多个直流充电桩后故障依旧，使用交流慢充可以正常充电。

◆ 交流慢充正常，说明电机控制器禁行信号、电池预热与散热、预充电路（预充接触器、预充电阻）、高压上电电路（主正极接触器、主负极接触器）、电芯压差等均正常，只需考虑直流快充系统的故障。

◆ 满足下列所有条件，直流快充系统才能正常工作：
◇ 动力电池管理系统电源（供电、接地）及线路正常。
◇ 充电连接确认信号及线路正常。
◇ 电机控制器禁行信号及线路正常。
◇ 低压辅助电源 A+、A− 正常。
◇ CAN 总线通信 S+、S− 正常。
◇ 高压部件绝缘正常。
◇ 高压线束连接正常。
◇ 动力电池温度在正常阈值的范围内。
◇ 动力电池软件与充电桩软件版本相匹配。

10. 充电跳枪故障解析

> 故障现象

充电一段时间后，充电口上的红色充电指示灯亮起，同时车辆不能继续充电。

> 故障原因分析

能充电一段时间，说明充电期间整个系统的运行是正常的，跳枪肯定是某些异常数据影响控制器做出断开接触器的决定，可能原因如下：

◆ 充电口温度传感器信号及线路异常。
◆ 电池模组温度传感器信号及线路异常。
◆ 采样线异常。
◆ 冷却水泵循环异常。
◆ 散热风扇工作异常。

11. 无法高压上电故障解析

> 故障现象

打开点火开关后，仪表正常亮起，运行指示灯"READY"无法正常亮起，无法高压上电，就是俗称的车辆无法启动。

> 故障原因分析

◆ 动力电池管理系统电源、通信、线路的故障。
◆ 主正极接触器或主负极接触器的故障。

- 预充接触器或预充电阻的故障。
- 动力电池电芯压差过大。
- 动力电池采集板、采用线异常。
- 整车控制器电源、通信、线路的故障。
- 电机控制器电源、通信、线路的故障。
- 车载充电机电源、通信、线路的故障。
- DC/DC 电源、通信、线路的故障。
- 驱动电机旋转变压器励磁信号及线路的故障。
- 驱动电机温度传感器信号及线路的故障。
- 高压互锁信号及线路的故障。
- 高压绝缘的故障。

12. 无法行驶故障解析

> 故障现象 1

打开点火开关,仪表正常亮起,"READY"灯正常亮起,高压上电正常,可以将挡位切换到 D 位,踩下加速踏板,车辆电子驻车制动系统(EPB)正常解锁,但此时车辆不能正常行驶,有时候感觉车辆蠕动一下后马上停止。

结合以上现象分析:打开点火开关,高压上电正常,说明整车控制器、电机控制器、动力电池管理系统、车载充电机、DC/DC 转换器、高压互锁、高压绝缘、动力电池状态都正常。在换挡加速时车辆不能行使,或者有时车辆蠕动一下后马上停止,说明电机控制器已正常对驱动电机进行控制,驱动电机开始运转,但无法持续运转。在这种情况下,车辆无法行驶可能是以下原因所致:

- 驱动电机高压缺相(U 相、V 相、W 相)。
- 旋转变压器正弦信号及线路的故障。
- 旋转变压器余弦信号及线路的故障。

你知道吗?

> 电机控制器被唤醒后会进行自检,其中需要检测的内容包含旋转变压器的励磁信号、正弦信号、余弦信号。

> 励磁出现故障,正弦信号、余弦信号都不会产生,电机控制器同时检测不到正弦信号和余弦信号,此时整车被禁止高压上电。

> 励磁正常,而正弦信号或余弦信号有一个异常,由于此时车辆静止,电机控制器可能检测不到故障存在,因此不会影响高压上电。但是,如果换挡后车辆行驶,电机控制器未接收到驱动电机运转时旋转变压器返回的正弦信号或余弦信号,无法对 IGBT 的导通时间进行控制,就进行驱动保护,使车辆无法行驶。此时,如果关闭点火开关后再次打开,电机控制器通过第一次驱动电机运行,已经确认正弦信号或余弦信号异常,会在点火开关第二次打开后启动保护功能,禁止高压上电。

➢ 故障现象 2

打开点火开关,仪表正常亮起,"READY"灯正常亮起,高压上电正常,挡位只能切换到 N 位或 P 位。

挡位可以在 N 位、P 位间切换,说明电子换挡自检正常;高压上电正常,说明整车控制器、电机控制器、动力电池管理系统、车载充电机、DC/DC 转换器、高压互锁、高压绝缘、动力电池状态等都正常。此故障多数是由于整车电能管理出现异常,导致系统对换挡操作进行保护,驱动电机无法输出动力,使车辆无法行驶。

在电能管理控制过程中,车载充电机不参与"READY"灯控制及点火开关控制的高压上电过程,但参与系统电能管理,所以此故障可能是以下原因所致:

◆ 车载充电机电源及线路的故障。
◆ 车载充电机的 CAN 通信信号及线路的故障。
◆ 车载充电机连接器的故障。
◆ 车载充电机自身的故障(软件、硬件)。